José Zorrilla

Entre clérigos y diablos

Barcelona **2024**
Linkgua-ediciones.com

Créditos

Título original: Entre clérigos y diablos.

© 2024, Red ediciones S.L.

e-mail: info@linkgua.com

Diseño de cubierta: Michel Mallard.

ISBN tapa dura: 978-84-9953-497-8.
ISBN rústica: 978-84-9816-280-6.
ISBN ebook: 978-84-9897-893-3.

Sumario

Créditos _____ 4

Brevísima presentación _____ 7
   La vida _____7

Personajes _____ 8

Partida en tres jugadas _____ 9

Jugada I _____ 11
   Escena I _____11
   Escena II _____22
   Escena III _____34
   Escena IV_____34
   Escena V _____41
   Escena VI_____41
   Escena VII _____43
   Escena VIII_____44
   Escena IX_____45
   Escena X _____48
   Escena XI_____50
   Escena XII _____51
   Escena XIII_____62
   Escena XIV_____64
   Escena XV _____67
   Escena XVI _____68

Jugada II _____ 69
   Escena I _____69
   Escena II _____69
   Escena III _____74

Escena IV _____ 75

Escena V _____ 81

Escena VI _____ 90

Escena VII _____ 94

Escena VIII _____ 96

Escena IX _____ 97

Escena X _____ 111

Escena XI _____ 112

Jugada III _____ **115**

Escena I _____ 115

Escena II _____ 116

Escena III _____ 120

Escena IV _____ 121

Escena V _____ 128

Escena VI _____ 136

Escena VII _____ 137

Escena VIII _____ 143

Escena IX _____ 145

Escena X _____ 155

Libros a la carta _____ **167**

Brevísima presentación

La vida

José Zorrilla (Valladolid, 1817-Madrid, 1893). España.

Tras estudiar en el Seminario de Nobles de Madrid, fue a las universidades de Toledo y Valladolid a estudiar leyes. Abandonó los estudios y se fue a Madrid. Las penurias económicas le hicieron a vender a perpetuidad los derechos de Don Juan Tenorio (1844), la más célebre de sus obras. En 1846, viajó a París y conoció a Alejandro Dumas, padre, George Sand y Teophile Gautier que influyeron en su obra. Tras una breve estancia en Madrid, regresó a Francia y de ahí, en 1855, marchó a México donde el emperador Maximiliano lo nombró director del teatro Nacional. Publicó un libro de memorias a su regreso a España.

Personajes

Doña Ana
El Capitán
El Encapuchado
Juan de Colonia
Juan Fernández
Maluenda
Mariposa
Recoveco

Partida en tres jugadas

La acción pasa en Burgos en el siglo XV, a principios del reinado de los Reyes Católicos don Fernando y doña Isabel.

Dedicatoria
Al Señor
Don Julián García
Prebendado de la Catedral de Burgos

Al volver a España después de veinte años de ausencia, venía solo a despedirme de mi patria, creyéndome obligado a morir en tierra extraña, por razones que usted conoce y que nada importan a los demás; pero la Providencia ordenó las cosas de modo que hoy espero que me coja la muerte en tierra española y entre los míos, por lo cual doy a Dios infinitas gracias.

Mi primer afán al volver fue abrazar a usted; después visitar los lugares santificados para mí, por haber dejado mi madre en ellos sus huellas. Me detuve un año en esa provincia de Burgos, y entre los recuerdos desenterrados por mi en este tiempo de entre los monumentos y escombros burgaleses, estaba la tradición del prebendado Lope de Rojas.

Apremiado por un empresario de Barcelona y un actor de Madrid, he puesto en acción la leyenda de aquel novelesco personaje, y a usted le dedico esta primera producción de mi casi agotado ingenio, con lo cual vuelvo a entrar en el palenque literario.

Se la dedico a usted como ofrenda de gratitud por los servicios que le debe mi casa y especialmente mi madre, y porque te tengo a usted como padre desde la muerte de los míos.

No se la he dedicado a la ciudad de Burgos, porque la dedico un poema del Cid, que estoy concluyendo, y porque siendo esta obra de tan poco valor, no puedo aspirar a ser más que una ofrenda de familia.

Como verá usted, es una de las más incorrectas é incompletas que han salido de mi pluma.

Es incorrecta, porque había perdido la costumbre de dialogar en veinticinco años que he vivido alejado de los teatros, y porque estando para concluir la temporada cómica, se han estudiado los dos primeros actos mientras acababa el tercero, y no he tenido tiempo de corregir.

Es incompleta, porque consideraciones de actualidad hacen que el tercer acto no sea, ni el verdadero desenlace de la tradición, ni el que yo tenía pensado para final de ella al darla la forma teatral; pero he preferido arriesgarme a perder el poco crédito literario que me queda, con un tercer acto malo, a rozarme con la política, por la cual he sentido siempre y siento hoy más que nunca una profundísima aversión.

Por esta misma causa se ha anunciado esta obra con dos diferentes títulos. El que lleva, ENTRE CLÉRIGOS Y DIABLOS, PARTIDA EN TRES JUGADAS PUESTA EN ACCIÓN, es el que la convenía si el último acto o jugada fuera el que debía ser; el de EL Encapuchado, LEYENDA EN TRES CAPÍTULOS PUESTA EN ACCIÓN, es el que más legítimamente la pertenece al ponerla en escena como comedia.

Pero el primero les place más o los empresarios para llamar la atención, y yo le he restablecido a sus ruegos, porque no temo que nadie que tenga sentido común y haya leído mis poesías religiosas, pueda atribuirme la más mínima intención política de zaherir a una clase respetable de la sociedad. De las calumnias vulgares o absurdas no me ocupo nunca; a más de que las reputaciones de nuestro siglo se basan en la calumnia y en el absurdo; si no, ni crecen ni se sostienen.

Esta obra mía no es más que un juguete, ni puede aspirar a más éxito que al de pasar sin ser desairada, ni la he escrito con otra pretensión que la de entretener dos horas al público. Es una tela de no mal ver, mas de trama débil que no puede resistir la inspección del lente de una crítica justa é imparcial; pero es de una estofa que no está tramada con los groseros hilos de esa jerga de aljofifar con que alfombra hoy los tablados de nuestros teatros la desvergüenza del género bufo y cancanesco importado de los lupanares de París.

Recíbala usted, pues, como recuerdo de la gratitud y de la amistad de José Zorrilla
Barcelona, 19 de marzo de 1870.

Jugada I

Corredor del piso principal de una casa solariega del siglo XIV. A la derecha un cancel que da sobre la escalera, a cuyo pie está la puerta de la calle, la cual se abre desde arriba con un cordón que no se ve. A la izquierda, la puerta que da a los aposentos del prebendado Maluenda y de Juan Fernández. El fondo está formado por una fábrica maciza y un rompimiento, divididos por un grueso pilar o torreoncillo estribero, en que apoya la parte maciza, que es la de la izquierda, y del cual arranca el arco del rompimiento de la derecha. En la parte maciza está la puerta de la habitación de doña Ana. El rompimiento es simplemente un arco con balaustrada o un ajimez practicable. En el pilar o estribo que divide este rompimiento y fábrica maciza, hay un retablo o nicho con un San Miguel con el diablo a los pies, y en la repisa del retablo arde una lámpara encajada, no colgada. Se supone que en el ángulo interior é invisible, formado por los aposentos de doña Ana, que están en la parte maciza y la línea del rompimiento que continúa sosteniendo la escalera hasta la puerta de la calle, hay un huerto o jardinillo, cuyo postigo está en la cerca que, continuando el frontis de la casa, es una de las paredes que forman la calle.

Escena I

Recoveco, que aparece mirando por el arco que da al jardín, dando la espalda al público. Luego Mariposa. Al levantarse el telón, se oye repique de campanas, ruido de panderos, zambombas y tamboriles, algazara y gritos de:»¡Viva don Fernando!, ¡Viva doña Isabel! ¡Muera la Beltraneja y afuera los portugueses!» Una voz canta.

Canto
> Burgos es hoy un altar,
> y están por santos en él,
> debajo la Beltraneja,
> y encima doña Isabel;
> porque las dos para Burgos

son el diablo y San Miguel:
el diablo, la Beltraneja,
y el ángel, doña Isabel.

(Vivas, gritos, etc., durante los cuales Recoveco, de pechos en la balaustrada, parece ocupado en oír y mirar lo que pasa afuera. A sus pies tiene una linterna encendida. Las campanas cesan, los gritos se alejan, y dice Recoveco poniéndose en escena:)

Recoveco   Ya espera él. ¿Si es a maldita
no irá por fin a la iglesia?

(Va de puntillas a mirar por el ojo de la cerradura del aposento de doña Ana, fondo izquierda.)

Tiene luz en la antecámara.
Allí está... Vaya, se apresta
para irse...; está acomodándose
el rebozo en la cabeza.
¡Toma la lámpara...: bueno!
Me desvío de la puerta,
y me hago el desentendido,
no vaya a entrar en sospecha.

(Vuelve a colocarse en el antepecho del rompimiento, como cuando apareció.)

Mariposa (Sale)   ¿Qué hará aquí este redomado
de mi San Miguel tan cerca?
¡Hola! ¿Ahí estáis, Recoveco?
¿Qué hacéis aquí?

Recoveco   Tengo cuenta
con la casa.

Mariposa	Qué, ¿estáis solo?
Recoveco	Y solo, y en Nochebuena; y en un tiempo tan revuelto es prudente estar alerta.
Mariposa	Cumplís vuestra obligación.
Recoveco	Debo al que paga obediencia.
Mariposa	¿Y os lo mandó el prebendado?
Recoveco	Al irse para la iglesia con doña Ana y maese Juan ¿No os dijo a vos que allá fuerais?
Mariposa	Y allá voy; mas las campanas; acaban de hacer la seña.
Recoveco	Es que cuando ellas acaban es cuando el oficio empieza.
Mariposa	Aun tengo tiempo de dar aquí una mano. ¡Qué idea

(Desde aquí hasta el fin de la escena, Mariposa arregla su lámpara, recorta la echa con las tijeras que trae en la cintura, etc., sirviéndose para ello de un taburete, volviendo a encender la lámpara en la luz que trae.)

	la de ir a misa del gallo con esta noche!
Recoveco	Pudiera

suceder muy bien que no haya
más que vosotros en ella.

Mariposa   Pues ¿qué hay?

Recoveco   Que se circunvala
el castillo con trincheras
mañana; para lo cual
esta misma noche llega
don Alonso de Aragón
con sus gentes, y se espera
que intenten algún arrojo
los del castillo.

Mariposa   ¡Para ésas
deben ya de estar los pobres!
Puede que ya no se tengan
en pie de hambre.

Recoveco   Por lo mismo,
para procurarse cena,
puede que el Encapuchado
salga a dar una carrera.

Mariposa   ¿También vos creéis en tantos
milagros como le cuelgan
a. ese pobre Encapuchado?

Recoveco   ¿Sabéis que anoche, en la puerta
del puente, con unos cuantos
encapuchados que lleva,
sorprendió a esos almogávares
de las corazas? ¡Y que ésa
es gente brava! ¿La habéis

visto?

Mariposa   No, por cierto.

Recoveco   Vedla
cuando pase a dar la guardia.
es una milicia nueva
que usa nada más coraza,
sin brazales y sin grebas;
que lidia a pie y a caballo,
y que manda por la Reina
un capitán burgalés.

Mariposa   ¡Bah! ¿Qué es lo que me interesan
a mí los de las corazas,
ni qué entiendo yo de grebas
ni de brazales?

Recoveco   Es cierto.
Vos tirasteis por la iglesia,
y de la gente de tropa
no os curáis. Yo os hablé de ésta,
que es la mejor, porque vieseis
hasta dónde el valor llega
de ese audaz Encapuchado.

Mariposa   ¿Cómo es posible que quepa
tanto brío en solo un hombre?

Recoveco   Los hay que valen por treinta;
y éste, con nueve que tiene
con él, para sus empresas,
parece que tiene nuevo
demonios que lo protejan.

¡Y hay quien lo cree...

Mariposa   Lo que creo
que tiene, son dos muñecas
de hierro, y un corazón
como no hay hoy muchos.

Recoveco   Muestras
me vais dando, Mariposa,
de ser algo Beltraneja.

Mariposa   Y vos, de tener buen miedo
al Encapuchado, pruebas.

Recoveco   ¡Fuera así, y no fuera extraño!
Ya no soy hombre de guerra,
y hoy al servicio de un clérigo
llevo una vida más quieta
y más santa.

Mariposa   En cuanto a santa,
que baje Dios y la vea.
Se os sale lo de soldado
por cima de la melena,
y mancháis la nueva vida
con las mañas de la vieja.

Recoveco   ¿Con cuáles? Por agradaros
las corregiré.

Mariposa   ¡Una es ésa:
no podéis una palabra,
que un chicoleo no sea,
dirigir a las mujeres!

16

	¿De dónde sois?
Recoveco	De Azuqueca.
Mariposa	Y ¿dónde está eso?
Recoveco	En la Alcarria.
Mariposa	Mucha miel parece que echan en la papilla a los chicos las nodrizas alcarreñas.
Recoveco	¿Por qué?
Mariposa	Porque son muy dulces las palabras que babea vuestra boca, y están agrias para vos las burgalesas.
Recoveco	Las hay que en el dulce pican como moscas de colmena.
Mariposa	Las que piquen, estarán picadas; porque las buenas no comen miel porque temen que se las piquen las muelas.
Recoveco	Las que hagan ascos al dulce de las mieles alcarreñas, tendrán hecho el paladar a escaramujos y a gervas.
Mariposa	Con escaramujos y honra en Burgos nos alimentan

los que, a quien se nos atreve,
agarran por las orejas.

Recoveco   ¿Son perros los burgaleses?

Mariposa   No; pero agarran por ellas
a los que buscan la caza.

Recoveco   ¿Para qué?

Mariposa   Pues para vérsela.

Recoveco   Pues ¿no traen orejas ellos?

Mariposa   Sí, pero las traen cubiertas
con las capuchas de noche.

Recoveco   ¡Ay Dios!... ¡Cómo capuchean
las buenas mozas de Burgos!

Mariposa   Como aquí hace frío y nieva,
se encapuchan contra el viento
de hacia Aragón.

Recoveco   ¡Ay si llegan
a saber los del Infante
que tanto en capuchas piensan
las muchachas hoy en Burgos!

Mariposa   ¡Ay de aquel por quien lo sepan!
Siempre habrá un encapuchado
que les arranque la lengua.
Guardad la vuestra.

Recoveco	La mía no tendrá nunca tal pena, porque no dirá de vos más que elogios y halagüeñas galanterías.
Mariposa	Guardáoslas para otra que guste de ellas.
Recoveco	Si no son de vuestro gusto, ¿por qué os estáis aquí oyéndolas? ¿No me habéis vos dirigido la palabra la primera? ¿No lleváis aquí perdida de vuestra misa la media hablando conmigo?
Mariposa	¡Cómo, señor Recoveco, os ciega la vanidad a los hombres! ¿No habéis visto en más de treinta días que ha que estáis en casa, que soy yo quien adereza este nicho, cuya lámpara mantener con luz perpetua entra en mis obligaciones? Y ¿no veis que de no haberla despabilado antes de irme, humearía la mecha, y me riñeran los amos cuando al volver lo advirtieran? Y ¿no sabéis además que, aunque obligación no fuera mía, me la hubiera impuesto

yo misma por mi sincera
devoción a San Miguel?

Recoveco   Y esa devoción extrema
            a San Miguel me ha chocado.

Mariposa   ¡Si me llamo Micaela!

Recoveco   ¿Por qué os llaman Mariposa?

Mariposa   Porque me gustó dar vueltas
            desde niña ante las luces.

Recoveco   Y ¿a quién encendéis ahí ésa...,
            a San Miguel, o a su diablo?

Mariposa   No faltará quien encienda
            luz a los dos, por si aquél
            se duerme y Luzbel se suelta;
            mas la mía solo alumbra
            al Santo, porque en tinieblas
            tiene aquí al diablo, teniéndole
            bajo del pie la cabeza.
            Pero a la cuestión volviendo,
            porque la cuestión no era ésta,
            y yo, aunque soy mariposa,
            en mis vueltas y revueltas
            no pierdo nunca mi luz...

Recoveco   Volved; pero tened cuenta
            con no quemaros. Decíais...

Mariposa   Decíaos que como entra
            en mi obligación cuidar

de que esta luz sea perpetua
para que alumbre de noche
el corredor y escalera,
no por platicar con vos,
sino por ser mi faena,
me paré a hacerla; y ahora
que veis que la tengo hecha,
quiero advertirle antes de irme,
para que desde hoy lo sepa,
que yo soy de condición
de que, cuando hago una hacienda
con las manos, ayudármelas
necesito con la lengua.
Conque ya veis que si he entrado
en plática la primera,
no fue por hablar con vos,
porque si ahí no estuvierais,
yo con San Miguel o el diablo
tenido que hablar hubiera.
Conque ahora que he concluido,
adiós, que os guarde para hembra
mejor que esta mariposa,
que en vuestra luz no se quema.

Recoveco   Idos en paz, Mariposa;
mas no olvidéis, pues sois cuerda,
que las mariposas son
insectillos que no dejan
rastro; porque siendo. efímeras
hijas de una primavera,
ni hacen nido cual los pájaros,
ni miel como las abejas.

Mariposa   Quien os llamó Recoveco,

	de ellos os vio el alma llena.
Recoveco	Quien os llamó Mariposa, bien os vio dar muchas vueltas.
Mariposa	¡Adiós! y guardad la casa.
Recoveco	¡Adiós! y cerrad la puerta.
Mariposa (Aparte.)	Adiós. (¡Mal rayo, me parta si tú eres lo que aparentas!)
Recoveco (Aparte.)	Adiós. (¡Si tú juegas limpio..., mala víbora me muerda!)

(Vase Mariposa por la escalera, puerta derecha; Recoveco permanece inmóvil mirando al cancel por donde se va Mariposa, hasta que siente el golpe de la puerta de la casa, que se supone al pie de la escalera que empieza en el cancel.)

Escena II

Recoveco. Después el capitán

| Recoveco | ¡Gracias a Dios que se fue! ¡Se me antoja que es al diablo a quien ésta en el retablo pone luz..., no sé por qué!, Mas ya ha de estar impaciente. Le hago la seña... |

(Pone la linterna sobre la balaustrada, con la luz hacia fuera, y mira y escucha por la escalera que se supone rematar en el cancel.)

Ya sube.
Ahora cae como una nube
sobre mí; pero prudente,
más que valiente, ha de ser
el que espía.

Capitán (Saliendo.)   ¡Por mi alma,
que lo tomasteis con calma!

Recoveco   Capitán, a esa mujer
fue preciso despistar.

Capitán   ¿Por qué tanto se entretuvo?

Recoveco   Tengo para mi que estuvo
avizorando el lugar.
¿Estabais vos bien oculto?

Capitán   Como un gusano.

Recoveco   Si el ruido
más mínimo habéis movido,
ha dado ella con el bulto.

Capitán   ¿Tan lista es?

Recoveco   Nos da quince
y falta; y aun temo que al hopo
nos viene; tiene de topo
oídos, y ojos de lince;
y desconfía de mí.

Capitán   Ganémosla por la mano.

Recoveco	Tenéis el camino llano, como habéis visto hasta aquí.
Capitán	Pero has tardado...
Recoveco	En el plazo que pude fue; es menester abreviar para no ser cogidos en nuestro lazo.
Capitán	Esta misma noche.
Recoveco	Bien; de las cerrajas los muelles aceité bien; al correlles no temáis que alarma den.
Capitán	Pueden en tu cuarto entrar seis corazas escogidos, sin ser vistos ni sentidos.
Recoveco	¿Les queréis hacer saltar a mi cuarto desde el huerto?
Capitán	Como yo he hecho; y desde él que puedan a ese cancel acudir; pero no acierto cómo, tan fácil estando, hasta ahora lo has detenido,
Recoveco	Es que el pan que os doy cocido tuve yo que ir amasando. Para poder del postigo

del huerto falsear la llave,
trabajó lo que Dios sabe.
Luego el clérigo conmigo
no se descuida.

Capitán   Pues hoy
verá con quién se las há.
Explícame como está
la casa y sus usos.

Recoveco   Voy
de todo a daros razón.

Capitán   Y yo me arreglaré

Recoveco   Aquí
(Puerta
fondo izquierda.)   habita el clérigo; allí
tiene ella su habitación.
Maluenda, que es mayordomo
del cabildo, aquí recibe
a los colonos, y escribe,
de pergamino en un tomo,
sus pagos y documentos,
con ayuda de un copiante,
sobre esa mesa; y delante
de ella los da esos asientos.
Y nadie esa puerta pasa
más que Juan, a quien aloja,
y yo, cuando se lo antoja,
por faenas de la casa.

Capitán   Y ¿dónde alojan a Juan?

Recoveco	Lejos de aquí; en dos salones del Norte, cuyos balcones a la parte opuesta dan.
Capitán	¿Comunicarse no puede con Ana?
Recoveco	No; el racionero tiene el cuarto medianero con ella, y a mí me cede el chiribitil de abajo, donde de noche me deja cerrado, y cierra esa reja además.
Capitán	¡Pues ya es trabajo!
Recoveco	Y miedo.
Capitán	¿Miedo?
Recoveco	Pretende el vulgo, y va bien quizá, que este caserón está habitado por un duende
Capitán	¿Sabes tú?...
Recoveco	Me ha parecido algunas noches sentir con cautela ir y venir, evitando meter ruido.
Capitán	Pues ese duende a buscar

vengo yo; y creo saber
quién debe ese diablo ser
de esta casa familiar.

Recoveco ¿Cómo?

Capitán Lo vas a saber;
y si con mi intento salgo,
yo te haré que seas algo.

Recoveco ¿Rico?

Capitán Casi, casi.

Recoveco A ver.

Capitán Óyeme bien: esta casa
no es propiedad de Maluenda,
aunque por ser de su hacienda
finca vinculada pasa.

Recoveco Pues ¿de quién es?

Capitán De don Lope
de Rojas.

Recoveco ¿Del prebendado
que está a muerte condenado?

Capitán Y allí donde se le tope,
bien se le puede a través
cruzar sin inconveniente;,
y Maluenda es su intendente,
y ella su querida es.

Recoveco	¡Demonio! ¡Pues no son flojas noticias!
Capitán	Y he sospechado que puede el Encapuchado ser también Lope de Rojas.
Recoveco	¡Bah!
Capitán	Yo he notado estos días que de esta casa en circuito, es donde ha hecho ese maldito sus recientes fechorías. Mi plan es cogerle aquí, y quitarle la querida primero, y después la vida.
Recoveco	¿Le heredáis acaso?
Capitán	Sí y no.
Recoveco	No entiendo.
Capitán	Oye bien. Los Revueltas y los Rojas homos siglos ha rivales, y escriben nuestros anales de las espadas las hojas. En cuatro generaciones; nos hemos aniquilado, y solos hemos quedado don Lope y yo; los pendones

sigo de doña Isabel,
porque él los de doña Juana;
y si faltamos mañana,
él me hereda a mí, y yo a él.

Recoveco   Ahora me decís que sí;
mas habéis dicho sí y no.

Capitán   Es que mi padre casó
dos veces; me tuvo a mí
de la primera mujer,
que murió pronto; y muy rica
la segunda...

Recoveco   Eso complica
ya la cuestión.

Capitán   Vas a ver:
su segunda esposa era
una Rojas; ¡peregrina
mujer! Huérfana y sobrina
del padre de Lope. Fuera
de poblado, en buen paraje,
dio mi padre, que cazaba,
con el de Lope, que andaba
con su familia de viaje.
La gente de Rojas era
poca, pero brava anduvo;
mi padre, que de ver hubo
una hembra tan de primera
entre su gente, la echó
mano, la sacó a la rastra,
la echó a grupas y escapó;
y paró en ser mi madrastra.

Recoveco	¡Bravo golpe!
Capitán	En la centuria nuestra, así es como se vive; pero se da y se recibe. ¡Cuál de los Rojas la furia no sería al demandar mi padre la herencia de ella! Ya era madre, y fue su estrella; se la tuvieron que dar. Para ellos era una mancha que hijos diera a los Revueltas una Rojas; y tras vueltas mil, tomaron la revancha. Bajó mi padre al lugar para ir en la procesión de la Virgen de Muñón, del castillo titular. Iba con él su mujer, su hijo de cuatro años, yo de doce, y otros; salió la procesión, y al volver, los Rojas sobre ella dieron; del chico se apoderaron, a la madre arrebataron y a mi padre malhirieron. Ahora padres no tenemos Lope ni yo; mas es llano que él sabe qué es de mi hermano conque a ver si le cogemos.
Recoveco	Comprendo ahora el afán con que le seguís la huella,

30

| | y el de apoderaros de ella, |
| (Se ríe.) | y el de hacer a maese Juan |

Capitán

Si hay diablo en la casa, es él;
y si es el Encapuchado,
con su muerte habré vengado
a mi raza y a Isabel.

Recoveco

El modo es lo que aun no entiendo;
hiladme mejor el copo.

Capitán

Es preciso ser muy topo...

Recoveco

Pues lo soy; conque id diciendo.

Capitán

Como de esta casa el Rey
datos sospechosos supo,
en nombre del Rey la ocupo,
ejecutor de la ley.
Mi gente en tu cuarto dejo,
a ti cerca, y subo solo;
le vendo, ocultando el dolo,
honra y protección al viejo.
Con tus llaves en hora alta
les prendo a ellos, me apodero
de las mujeres, y espero
al del capuz.

Recoveco

¿Y si falta?

Capitán

Vendrá mañana o pasado,
u otro día; estando quieto
yo, y su prisión en secreto,
él caerá.

Recoveco	¿Y si cae armado?
Capitán	Somos dos: ¿le temerás?
Recoveco	Ni a él ni al mismo Belcebú.
Capitán	Pues yo le hago frente, y tú le sujetas por detrás.
Recoveco	¿Y si a alguien trae el maldito?
Capitán	¡Con qué poco te embarazas! De un brinco mis seis corazas están aquí al primer grito.
Recoveco	¿Y si Juan o el prebendado despertase o resistiera?
Capitán	Tú de la misma manera das sobre él.
Recoveco	Trato cerrado.
Capitán	Pues voy los seis a emboscar.
Recoveco	Cerrad mi cuarto, no fuera que como da a la escalera le echaran ojo al pasar.
Capitán	Por espía ibas ahorcado a ser, y yo me di trazas para hacer que en mis corazas ingresaras. Pon cuidado,

porque va en esta jugada
tu fortuna, y la fortuna
no tiene más vuelta que una
y hay que asirla de pasada.

Recoveco   Id tranquilo, Capitán,
que yo sé a lo que me obligo;
y no tanteéis el postigo
sin ver si en la calle están.

Capitán   Fía en mí.

(Vase por la puerta derecha.)

Recoveco   ¡Buena partida,
maestramente empeñada!
Recoveco, en la jugada
cuenta que te va la vida;
pero no hay que olvidar nada.
Ese cubo es muy macizo;
ese retablo es postizo,
y en torno de él Mariposa
gira tenaz... Pues es cosa
de saber cómo se hizo.

(Se dirige al retablo como para inspeccionarle, y antes de que tenga tiempo
de hacerlo, un golpe fuerte en la puerta de la calle le detiene.)

¡Diablo! ¡Tan pronto! ¿Si habrán
al Capitán atisbado?
¡Bah! Hubieran alborotado.
¿Quién?...

Juan (Voz dentro.)   ¡Abre!

Recoveco	Es maese Juan.

Escena III

Recoveco, Juan Fernández, Juan Colonia y Simón

Juan (A Recoveco.)	
	¿Estás solo?
Recoveco	Solo estoy; guardo la casa en ausencia de su dueño.
Juan	Toma, pues, la anguarina y la linterna, y ve a esperar a doña Ana y el prebendado a la iglesia, que está la noche muy lóbrega. Orden del señor Maluenda.
Recoveco	Pues si él lo manda, obedezco, que mi obligación es ésa.
Juan	Don Luis tiene el picaporte; ciérrate, al salir, la puerta.

(Vase Recoveco.)

Escena IV

Juan, Colonia y Simón

Colonia	No me gusta ese sirviente.

Juan	En La casa le conserva el prebendado por no sé quién que le recomienda. A mí tampoco me gusta; pero es una ligereza juzgar por fisonomías... Él sirve bien.
Colonia	Zahareña tiene la cara.
Juan	Es conmigo; extraño me considera porque no soy quien le paga, sino don Luis.
Colonia	Pues debieras hacérselo tú notar a don Luis.
Juan	Cosas son ésas muy propias de los criados; pero hablemos de las nuestras. Pues a mi casa subimos porque estaba la más cerca para ello, dadme el escrito y os le firmaré.
Colonia	Incompleta es la noción que de él tienes, por lo que te he dicho apriesa en el atrio; léelo bien, pues que tu dinero arriesgas con nosotros al firmarle.

Juan	Mi bolsa y mi alma son vuestras.
	El caudal que poseemos
	nos le hemos ganado a medias;
	vos, labrando catedrales;
	yo, imaginaria poniéndolas.
	No hablemos más. Dadme, firmo,
	antes que el padrino vuelva.

Colonia	¡Oh, hidalguía generosa
	de las gentes de esta tierra!
	Ten; mas oye antes. Tenemos
	solo la simple promesa
	del señor Obispo, y sabes
	que el buen señor está... fuera...

Juan	Como ése hay muchos que están
	ausentes, pero más cerca
	de lo que a ellos convendría
	y de lo que yo quisiera.

| Colonia | ¿Es cierto que en el castillo |
| | está? |

Juan	La noticia es cierta
	por su mal y por el nuestro;
	y por eso en esta época
	la soldadesca, ojeriza
	tiene a la gente de iglesia,
	hasta el punto que los clérigos
	ya veis que no se presentan
	con sus trajes por la calle;
	porque como en connivencia
	creen que están con los rebeldes,

tienen que andar con cautela.

Colonia   ¿Tú crees que los del castillo...

Juan   Tendrán que darse por fuerza.

Colonia   ¿Y si cogen al Obispo?

Juan   De política prudencia,
               matándole, no darían
               los nuevos monarcas prueba;
               para crearse partido,
               necesitan indulgencia.

Colonia   Comprendiéndolo así yo,
               he aceptado las propuestas
               del Municipio.

Juan   ¿Que son...

Colonia   El proporciona la piedra;
               nosotros haremos la obra,
               avanzando lo a que asciendan
               los jornales, y poniendo,
               además, nuestra tarea.
               Así se hará la capilla
               de la Concepción, uniéndola
               con la de San Antolín
               y la de Santa Ana, mientras
               vamos poco a poco alzando
               la torre de la izquierda.
               Podrá importar la capilla
               cuento y medio de moneda
               castellana.

Juan	¿Le tenéis?
Colonia	Fié en ti.
Juan	Pues de mi herencia daré yo el medio y un pico.
Colonia	Medio habrá que dar en prenda por el de Acuña; tu firma medio millón representa.
Juan (Toma el pergamino.)	Dadme la pongo. La causa de la pobre Beltraneja se pierde. Doña Isabel será de Castilla Reina. Tendrá que indultar a todos, y por mucho que entretengan la rebelión, ni seis meses durará la resistencia. Volverá el señor de Acuña para entonces.

(Va a la mesa y firma en el pergamino, que devuelve a Colonia.)

Colonia	Así sea. Finadas torre y capilla, si bien calculo, nos quedan a más de nuestros salarios, once mil doblas zahenas.
Juan	Tomad: por mucho que tarde el obispo Acuña, entera no se ha de gastar la suma.

Colonia	No lo espero.
Juan	Y aun me restan mil doblas para tomar estado.
Colonia	¿Conque de veras te casas?
Juan	En cuanto rindan los reyes la fortaleza, y en paz quedemos en Burgos.
Colonia	Juan, aunque en esta materia no debe meterse nadie, excusa que yo me meta.
Juan	Podéis bien; os considero como si mi padre fuerais.
Colonia	Pues bien; tú sabes que el vulgo a nadie perdona.
Juan	De ella, ¿qué dice?
Colonia	Que nadie sabe quién es ni de quiénes venga.
Juan	El racionero es tutor suyo y padrino, y de buena familia ser debe, siendo padrino suyo Maluenda.

Colonia	Pues haz que él de su familia y su caudal te dé cuentas.
Juan	Así me lo ha prometido; como judía no sea ni morisca, yo la tomo sin títulos de nobleza. Los nuestros son nuestras obras, las suyas serán los de ella.
Colonia	Es cuenta tuya; perdona.
Juan	Vuestra intención sé que es recta; no hay de qué.
Colonia	Pues buenas noches, que ya sospecho que empieza del templo a salir la gente, y anda la ciudad revuelta.
Juan	Sentiría que un tumulto fuera de casa os cogiera. Vamos, irá a acompañaros.
Colonia	No; tú aquí, a tu novia espera. Adiós, Juan.

(Vanse Colonia y Simón.)

Juan	Cuando gustéis, disponed de las monedas.

Escena V

Juan Fernández

Juan   ¡Bravo viejo y noble mozo!
Ya a los veinticuatro llega,
y aun no toma la palabra
del viejo padre en presencia.
Deber tengo de ayudarles,
jamás que no les dijera;
mas si el Obispo no cumple,
es nuestra ruina completa.
Y entonces, ¿qué será de Ana?
Lejos de mí tal idea.
He hecho bien, ellos son buenos,
Dios bendecirá su empresa.

(Llaman a la puerta exterior.)

                  ¿Quién será? ¿Si habrá perdido
su picaporte Maluenda?

(Preguntando.)

                  ¿Quién?

Mariposa (Dentro.)   Abrid, somos nosotras.
¡Abrid pronto!

Juan   ¡Con qué prisa!

Escena VI

Juan, doña Ana, Mariposa y Recoveco. Mariposa acude siempre en esta escena a sacar a doña Ana del compromiso de satisfacer a la curiosidad

41

de Juan, sin dejar por eso de encender en la lámpara del retablo la luz que dejó antes en la escena. Siempre con prisa de llevarse a doña Ana a su cuarto, cuya puerta abre con la llave que trae.

Mariposa   ¡Gracias a Dios!

Ana   Recoveco...
         ¿habéis cerrado la puerta?

Mariposa   La cerré yo.

Juan   ¿Qué traéis?

Ana   Nada.

Mariposa   Algo; un frío que hiela
         el aliento en el galillo
         y la palabra en la lengua.

Juan   ¿Cómo habéis venido solas?
         ¿Y el prebendado?

Mariposa   Se queda
         en su cajón del trascoro
         quitándose la muceta.

Juan   ¡Parece que venís pálidas!

Mariposa   Como que venimos tiesas
         y hechas carámbano. Vamos,
         doña Ana; en la chimenea
         dejé fuego, y al amor
         de la lumbre las chinelas.

Juan (Aparte.)	(¡Aquí hay algo!) Mi doña Ana...
Mariposa	Bah! No estamos para fiestas, que damos diente con diente; ya hablaréis luego en la mesa.

(Vanse Mariposa y doña Ana por el fondo izquierda.)

Escena VII

Juan y Recoveco

Juan (Aparte.)	(Aquí hay algo que me ocultan.) ¿Recoveco?
Recoveco	¿Qué hay?
Juan	Afuera ha pasado algo: ¿qué ha sido?
Recoveco	¡Qué ha de ser! Nada, pamemas de mujeres: que topamos un chusco de Nochebuena que las siguió cuatro pasos.
Juan	¿Quién fue?
Recoveco	Un don nadie, cualquiera; ellas lo han dicho, que yo no lo echó de ver apenas.
Juan (Aparte.)	(No dirá nada el taimado; mejor es que yo lo vea por mí mismo.) Recoveco,

para cambiar la muceta
tarda mucho el prebendado;
voy a tomar una hojuela
que tengo, y voy a buscarle
porque solo no se venga.

(Vase por la puerta izquierda.)

Escena VIII

Recoveco. Después Mariposa

Recoveco ¡Hojuela!... Ya te la he visto.
¡Una a famosa flamberga!
Si como tienes el arma,
tienes la mano con ella,
que ande listo el Capitán.

(Mientras dice esto, sale Mariposa.)

Mariposa (Saliendo.) ¡Bien lo habéis hecho, babieca!
¡Sois un Roldán; os lucisteis!

Recoveco Pues ¿qué queríais que hiciera?
¿Creéis vosotras tan fácil
con un Capitán tenérselas?

Mariposa ¿Y maese Juan?

Recoveco Ya baja;
fue a buscar no sé qué prenda
de vestuario que le falta,
porque quiere ir a la iglesia
a buscar al prebendado.

(Aparte.)   (¡A ver si se lo impide ésta!)

Mariposa   ¡Dios mío! fue por la espada,
                             y si al Capitán encuentra...

(Llaman recio.)

Recoveco   Ya está aquí el amo.

Mariposa   No abráis,

Recoveco   Pues aldabada tan recia...,
                             nadie más que él puede dar.

(Vuelven a llamar.)

Mariposa   Tiene llavín.

Recoveco   Se impacienta;
                             tal vez haya tropezado
                             con él.

Mariposa   Tirad de la cuerda.
                             ¡Dios santo! ¡Es el Capitán!

Capitán (Saliendo.)
                             Soy yo: el capitán Revuelta.

Escena IX

Capitán, Recoveco y Mariposa

Recoveco
(A Mariposa.)   Vos me mandasteis tirar,

                              y yo tiré...

Mariposa   ¡Habrá insolencia!
                    ¿Pensáis, señor don espada,
                    que por ser gente de iglesia
                    la de esta casa, no habrá
                    quien os haga cara en ella?

Capitán   Házmela tú, que la tuya,
                    a fe que no es nada fea.

Mariposa   Volveos, Capitán, antes
                    de que el prebendado vuelva.

Capitán   Justamente vengo yo
                    con él a hablar, y si mientras
                    vuelve quisieras decir
                    a doña Ana que saliera,
                    yo su vuelta aguardaría
                    sin maldita la impaciencia.

Mariposa   Pero ¿qué os habéis creído
                    de doña Ana? Ya con ésta
                    van dos veces que os despacho
                    de su parte.

Capitán   A la tercera
                    va la vencida.

Mariposa   El vencido
                    seréis vos.

Capitán   No hay fortaleza
                    ni mujer que no se rinda

con tiempo y maña.

Mariposa   No es hembra
mi señora que se rinde
como un castillo, por fuerza.

Capitán   Yo he de hablar con ella.

Mariposa   Es muda,
y no os volverá respuesta.

Capitán   Con que no sea sorda, basta;
ya la hará yo que me entienda,
y se ablandará.

Mariposa   Ni blanda
ni dura podréis cogerla,
que es guinda que está muy alta,
tiene espinos que la cercan,
y es de otro.

Capitán   Mujer y fruta
saben mejor siendo ajenas.

Mariposa   Pues si a ésa echáis piano, puede
que os cercene la muñeca...

Capitán   ¿Algún clérigo? ¿Con qué?
¿Con la cruz de la muceta?

Mariposa   Dicen que siempre hay un diablo
que tras de una cruz acecha.

Capitán   Ante la cruz de la espada

no hay diablo que en pie se tenga.

Mariposa   ¡Ay de vos si el que está al pie
              de ese San Miguel, se suelta!

Capitán   Solo se asusta a los clérigos
              con los diablos de madera.
              ¿o ése es el de la familia?
              ¿O con su mano maestra
              le ha tallado maese Juan?

Escena X

Dichos. Juan, saliendo a tiempo.

Juan   Y aun tiene la mano entera,
              de su modo de tallar
              para daros una muestra.

Capitán   No se tallan las figuras
              lo mismo en hueso que en leña;
              el pino y el roble son
              más blandos que mi cabeza.
              Es fácil hacer imágenes.

Juan   Más fácil es deshacerlas.

Capitán   Están bustos como el mío
              muy bien tallados.

Juan   En piedra
              tallados los llevo y rotos;
              es conforme se maneja
              el hierro.

Capitán   No tallaríais
              uno como éste.

Juan   A la prueba.
              Echémonos a la calle,
              tallemos, y a, la primera
              talladura de mi mano
              me diréis lo que os parezca.

Capitán   Señor galán, sosegaos,
              y no temáis que se os pierda
              la ocasión de tallar uno
              como el que aquí se os presenta.
              Yo vengo a hablar con el clérigo;
              después de mi conferencia
              con él, tal vez me permita
              el prebendado Maluenda
              que hable con doña Ana, y luego
              hablaré con vos.

Juan   Me pesa
              de tener que trastornar
              vuestro orden de conferencias,
              porque no queriendo yo
              que habléis con él ni con ella,
              sino conmigo en la calle,
              o salís, u os saco fuera.

Capitán   Tomándolo de ese modo,
              que os pruebe aquí será fuerza
              que hombres cual yo solo salen
              por su gusto de donde entran.

Juan   Pues ¡adelante!

(Desenvaina.)

Capitán   ¡Adelante!

(Caen en guardia.)

Mariposa   ¡San Miguel me valga!

(Al cruzar las espadas, sale Maluenda y se mete por detrás, cogiéndoles por las manos.)

Escena XI

Dichos y Maluenda

Maluenda   ¡Quietas
                        las espadas en mi casa!

Juan   ¡Apartad!

Maluenda   ¡Puntas a tierra
                        digo! Dos hombres que riñen
                        son más brutos que las bestias;
                        Dios dio a las fieras las uñas
                        y al hombre la inteligencia.
                        ¡Contra el duelista, en mi casa
                        se desquiciarán las piedras!

Capitán   Por mi parte, señor clérigo,
                        obedezco.

(Envaina.)

Juan	Y yo.
Maluenda	
(A Mariposa.)	¡A tu hacienda
	tú!
(A Juan.)	Tú a tu cuarto.
(A Recoveco.)	Tú al tuyo.

(Todos obedecen.)

Escena XII

Maluenda y el Capitán. Maluenda se vuelve al Capitán y le dice con calma y dignidad:

Maluenda	¿Por qué ha sido la pendencia,
	Capitán?
Capitán	A punto fijo,
	señor clérigo, no sé;
	yo le dijo no sé qué,
	y no sé lo que él me dijo;
	pero de mala manera
	de aquí echarme pretendía,
	y yo, que a veros venía,
	no quise antes de que os viera.
Maluenda	Y estabais en la razón.
	¿Conque venís a tratar
	algo conmigo? Entablar
	podéis la conversación:
Capitán	Excusadme que me asombre.

Maluenda	¿De qué?
Capitán	De tal mansedumbre.
Maluenda	Soy clérigo; por costumbre soy muy manso.
Capitán	¡o sois muy hombre!
Maluenda	Vosotros los militares, que hombres sois de vida airada, soléis no tener en nada ni a clérigos ni a seglares. Creéis que por pelear como osos y ser valientes, ya no hay en la tierra gentes que se os puedan comparar. Mas tiene el valor civil sobre el vuestro una ventaja, y es, que al hombre no rebaja con la ira, que es pasión vil. Quien con fe se determina a obrar según su conciencia, está sereno en presencia del peligro, y le domina. ¿Conque creo que venís a darme una pesadumbre?
Capitán	¿Por qué?
Maluenda	Porque es la costumbre de los hombres que reñís por oficio, y un buen susto

por dar a un hombre de iglesia,
iríais de aquí a Silesia
con grande afán y gran gusto.
De saber eso a pesar,
yo de encima os he quitado
a ese Juan, que, ia fe de honrado,
os hubiere hecho sudar!

Capitán   ¿Tal es?

Maluenda   Con tanto operario
tiene que habérselas solo...,
y hay gente de fuerza y dolor
entre ellos.

Capitán   ¿No es estatuario?

Maluenda   Y arquitecto: y como emplea
tanta gente un edificio,
siempre entra mucha de vicio,
levantisca, y de pelea.
Mas al caso; habéis a verme
venido para tratar...
¿de qué?

Capitán   En ello para entrar,
no sé cómo componerme.

Maluenda   ¿Tan difícil es?

Capitán   Lo es cuanto
puede serlo a un hombre atento,
dar a un noble un sentimiento.

Maluenda	¿Tan grande va a ser?
Capitán	No tanto.
Maluenda	¡Jesús mil veces! Mirad... cuanto más tardéis en ello, más tiempo con la agua al cuello me tendréis; conque acabad.
Capitán	Pues bien: tengo por los Reyes de Castilla, don Fernando y doña Isabel, el mando de unas corazas; sus leyes debo leal de cumplir, y tengo orden de ocuparos la casa y de aseguraros, y os lo venía a advertir.
Maluenda	¡Acabarais!
Capitán	¡Vive Dios!... ¿La noticia os da contento?
Maluenda	No, por cierto; mas lo siento, señor Capitán, por vos.
Capitán	¿Por mí?
Maluenda	Por vos; esta casa tiene un diablo familiar.
Capitán	Y es con quien, yo quiero dar.
Maluenda	Pues si algo con él os pasa,

	no os podréis quejar de mí, porque de ello os avisé.
Capitán	¿Vos le conocéis?
Maluenda	¡No, a fe y jamás al diablo vi!
Capitán	¿Ni al de aquí?
Maluenda	No.
Capitán	Pues se dice que sois famoso exorcista.
Maluenda	No hay sacristán hisopista con fe, que no le exorcice.
Capitán	¿Queréis burlaros de mí?
Maluenda	¡Líbreme Dios de capricho semejante! Yo os he dicho lo que hay.
Capitán	Mas ¿vivís aquí?
Maluenda	Porque dar no me conviene renta de casa; y aunque ésta tiene ese algo, no me cuesta Mas, por si tiene o no tiene, de noche nos encerramos en nuestros cuartos, y el resto de las cámaras, expuesto a nuestro huésped dejamos.

Capitán (Aparte.)	(O este clérigo está loco, o me toma por juguete.)
Maluenda	Con nosotros no se mete, pero nos fiamos poco. Ved: Juan mismo, aunque le veje que lo sepáis, en efecto, tiene ese fatal defecto; que aunque el diablo le protege, solo al diablo tiene miedo.
Capitán	¿Le protege el diablo?
Maluenda	Es claro, porque solo por su amparo pudo sacar siempre ledo o ileso el cuerpo de tanto zipizape.
Capitán (Aparte.)	(¡Habrá inocente! Para que al mozo no tiente, ver quiere si de él me espanto.) Señor prebendado, hablemos claros y acabemos pronto: no creo que seáis tonto, ni que queráis que nos demos cuerda uno a otro a torcer.
Maluenda	Me habéis dicho a qué veníais, y yo a lo que os exponíais con lo que venís a hacer. Obrad ahora, señor Capitán.

Capitán	Hay quien pretende que vos de ese diablo o duende sois el amigo mejor; que esta casa es propia suya; que doña Ana es su querida, y que aquí amparo y guarida le dais los dos.
Maluenda	¡Aleluya!
Capitán	¿Cantáis gloria?
Maluenda	Glorifico al Dios cuya santa gracia os dio tanta perspicacia, Capitán.
Capitán	Y ratifico lo dicho; y todas las hojas de la historia de que os hablo volviendo a un tiempo, ese diablo. vuestro es don Lope de Rojas.
Maluenda	¿El canónigo don Lope, mi discípulo y ahijado?
Capitán	Ese mismo.
Maluenda	¿El condenado a ser, donde se le tope cogido y ahorcado?
Capitán	Ése.

Y ¿sabéis quién creo que es
el Encapuchado?...

Maluenda
Pues...
¡También él!

Capitán
Él, aunque os pese que
dé en ello. Ese hombre osado
que a matar de noche viene
a los del Rey, y que tiene
a Burgos amedrentado,
don Lope sospecho que es;
y el Rey, que acaso lo sabe,
a que con Rojas acabe
me manda.

Maluenda
Cogedle, pues.

Capitán
¿No os opondréis?

Maluenda
No, en verdad.
Sé que don Lope está huido,
y para mi, ha delinquido.
Toda la casa mirad;
y pues que es Rojas sabéis
el diablo, el encapuchado
y el antecristo, amarrado
llevadle sí lo cogéis.

(Pausa.)

Capitán
¡Sois todo un hombre!

Maluenda
Os lo estoy

58

probando desde el instante
en que me puse delante
de vos, y una muestra os doy
del valor civil, del cual
os hablaba antes, mayor
que el del duelista mejor,
sufriéndoos injuria tal.
¡Que doña Ana es la querida
de don Lope! ¡Que yo soy
su encubridor, y que doy
aquí a asesinos guarida!
Ni eso podéis saber si es
cierto, ni si lo supierais,
a un seglar se lo dijerais
sin que os tendiera a sus pies.
¡Pobre don Lope, a quien vi
por los vuestros calumniado,
perseguido, acorralado
lo mismo que un jabalí
Don Lope se había metido
en la iglesia, en jerarquía
clerical.

Capitán   Y se alzó un día
contra el Rey; se hizo bandido.

Maluenda   ¿Conocéisle?

Capitán   No; jamás
le he visto; yo he estado ausente
de aquí.

Maluenda   Como vuestra gente,
¿le odiáis de instinto no más?

Capitán	Odio a Rojas y a otros ciento como él, de su mismo estado, que la espada han empuñado, dando a la guerra incremento.
Maluenda	Capitán, tenéis razón; muy descarriados andamos, pero con los tiempos vamos, y os haré una reflexión. Esta es tierra de valientes; en Castilla siempre están los corazones calientes, y si a la guerra se van sin deber ir ciertas gentes, son de tierra, y... Capitán, les habéis, tan imprudentes, estirado el cordobán, que se les sube a los dientes la levadura de Adán.
Capitán	¡Bravo hombre sois!
Maluenda	Soy sincero.
Capitán	Como lo sentís lo habláis.
Maluenda	No así vos, que me calláis a lo que venís primero.
Capitán	¿A qué?
Maluenda	A buscar a doña Ana, a quien tiempo ha perseguís.

Capitán	Así es, como lo decís; yo la amo, y pues me lo allana vuestra franqueza, yo os digo que si a un plebeyo escultor se la vais a dar, mejor doña Ana estará conmigo.
Maluenda	Nada en eso que ver tengo; cosa es de vosotros dos y de Juan; si ella por vos le cambia a él, yo me avengo.
Capitán	Cuando me llegue a tratar...
Maluenda	Dudo que quiera.
Capitán	Ya veis que puedo ahora...
Maluenda	¿Queréis que se lo entro a consultar?
Capitán	Id...
Maluenda	Esperad.

(Vase por la puerta del fondo. El Capitán se asoma al ajimez para cerciorarse que su gente está en el jardín, a quien se refiere el «Ahí están». Mientras él mira y dice sus dos versos siguientes, se presenta a tiempo Juan, por la puerta izquierda, con espada.)

Capitán	¡Ahí están, y él me ayuda...; me las pillo

con el cura, y al castillo!

(Al volverse, ve a Juan, que, le dice:)

Juan   Continuemos, Capitán.

Escena XIII

El Capitán y Juan Fernández. Juan va a echar la llave a la puerta del fondo izquierda, por donde se fue Maluenda; el Capitán le observa, y conforme va comprendiendo lo que Juan hace, se supone va discurriendo lo que va a hacer, y es hacer pasar a Juan del lado de la puerta de la derecha, dejándole de espaldas a ella, sin que vea a Recoveco, a merced de quien necesita dejarle el Capitán.

Capitán (Aparte,
viendo a Juan.)   (No contaba ya con él.
                      ¡El mismo cierra la puerta
                      al clérigo! Mas que alerta
                      no vea allende el cancel
                      a Recoveco.)
(A Juan.)   ¿Los dos
                      que estemos solos aquí
                      queréis?

Juan   Sí.

Capitán   Pues cerráis vos
                        ésa, ésta me toca a mí.

(Cierra la puerta izquierda por donde salió Juan, y tirando de la espada, deja a Juan en el centro de la escena, de espaldas al cancel y un poco terciado hacia el público, de modo que el retablo quede a su izquierda, y

más atrás de la línea de su hombro, a él. La escena depende de la posición
de los actores.)

Juan

Tuve el placer de escuchar
lo que aquí os plugo decir
al clérigo, y como echar
os quería antes, salir
no os quiero ahora dejar.

Capitán

Pues conversación tan grata
podido habéis oír toda,
ya sabéis de qué se trata.

Juan

De que se muere o se mata.

Capitán

Es mi juego.

Juan

Me acomoda
porque rara vez se empata.

(En guardia y entran.)

Capitán

¡Bien jugáis!

Juan
(Dos estocadas que
para el Capitán.)

Tal cual. Ahí van

dos puntos.

Capitán

Muy altos son.
Donde las toman las dan.

(Recoveco, desde que han cruzado los dos hierros, ha ido viniendo a colocarse de puntillas detrás de Juan. Cuando el Capitán ve que Recoveco está
ya preparado, dice:)

Capitán	Juego, y poned atención.

(Recoveco abraza a Juan por detrás rápidamente, cogiéndolo los brazos, y sigue el Capitán poniéndolo al pecho la espada.)

Partida hecha.

Juan	¡A traición!

(Se aparta el retablo, girando sobre la izquierda, saliendo el Encapuchado espada en mano; coge con la izquierda por el cogote a Recoveco, y corriendo su espada sobre la del Capitán, sorprendido, se la traba, le desarma, y dice poniéndole la punta al pecho:)

Encapuchado	¡Falta un punto, Capitán!

Escena XIV

Dichos y el Encapuchado. El Encapuchado pone el pie sobre la espada del Capitán.

Encapuchado	Capitán, cuando se juega tan mal, tan mala partida, el alma al diablo se entrega; y la de que él gane llega la vuestra, que está perdida.
Capitán y Juan	¡El diablo!
Recoveco	¡El Encapuchado!
Encapuchado	Que es el diablo familiar de esta casa, y que ha terciado,

	el juego para igualar.
Capitán	Pero que aun no le ha ganado.
Encapuchado	No hay más manos.
Capitán	Aun hay muchas tal vez.
Encapuchado	En vano amenazas.
Capitán	Aun hay juego.
Encapuchado	En vano luchas.
Capitán	Pues ¡juego! ¡A mí mis corazas!

(El Capitán dice todo esto mirando a Recoveco, que se va acercando al cancel, y comprendiendo que va a dar la alarma a los del Capitán, que se suponen estar en el huerto. Cuando lo ve ya pronto a escapar, da el grito, pero en vez de subir los del Capitán, llegan encapuchados que aseguran a Recoveco.)

Encapuchado	Perdisteis; son mis capuchas. Vuestras corazas metisteis en el huerto, y detrás de ellas mis capuchas yo; quisisteis seguir al diablo las huellas, y era mal juego; ¡perdisteis! Capitán de bandoleros, que a clérigos y seglares buscáis las vueltas mañeros, y ni nobles ni pecheros creéis a vosotros pares:

Revuelta, cuyas corazas,
lanzas é infamadas hojas
de Burgos, con viles trazas,
mancharon calles y plazas
con la sangre de los Rojas:
yo soy ese Encapuchado
tras quien tanto habéis corrido,
con quien al fin habéis dado,
y a un bando opuesto, afiliado,
contra vos hecho bandido.
¡Maldito sea todo bando
que marcha de sangre en pos,
rastro maldito dejando!
¡Malditos nosotros dos,
que los estamos cebando!

Capitán   ¿Quién os los manda cebar?

Encapuchado   Si os pudierais enmendar
vos, no os hiciera yo guerra,
mas quiero de vos librar
lo que amo aún en la tierra.
Os cogí bajo el cuchillo;
no ois salváis, aunque se encuentren
los vuestros ante el rastrillo;
vivo o muerto, en el castillo
os hallarán los que entren.

Capitán   Si la espada me volvéis...

Encapuchado   De vos pende; aquí os la tomo,
y allá, arriba me diréis
si que os la vuelva queréis
por la punta o por el pomo.

Capitán	Perdí; la partida os doy. ¿Quién sois? ¿Quién es quien me vence?
Encapuchado	Ya os lo he dicho: el diablo soy de la casa en donde estoy.
Capitán	No me hagáis que me avergüence de haber esta noche sido burlado, preso y vencido por un necio charlatán.
Encapuchado	No moriréis, Capitán, sin que sepáis quién ha sido.
Capitán	Mientras me quede un instante, siempre tengo yo esperanza.
Encapuchado	Pues de vos pende que os plante libre del foso delante, o ensartado en una lanza. ¡Id!

(Los encapuchados se llevan al Capitán y a Recoveco.)

Escena XV

Juan Fernández y el Encapuchado

Juan	Quienquiera que seáis, ¿a quién debo aquí la vida?
Encapuchado	Os ruego que os recojáis; iba a espadas la partida,

jugué por vos, y ganáis.
Nada aún os interesa
quién soy; él se quiso dar
al diablo, y acudí apriesa.
Cuando vos queráis ser presa
del diablo, os vendré a buscar.

(Abre la puerta del fondo. Sale el prebendado Maluenda, y al ver al Encapuchado, da un grito y vuelve la llave, dejando otra vez cerrada la puerta.)

Escena XVI

Juan, el Encapuchado y Maluenda

Maluenda	¡Dios!

Encapuchado	Haced que ese mancebo
no ande de noche jamás
por la casa. Si de nuevo
topo con él, me le llevo.

Maluenda	¡Vamos!

Juan	¿Quién es?

Encapuchado	¡Satanás!

(Los empuja y cierra la puerta sobre ellos.)

Jugada II

Habitación de Juan Fernández: puerta en el fondo; mesa a la izquierda; estatuas y utensilios de imaginaria. Luz artificial.

Escena I

Juan Fernández

¡Insoportable impaciencia!
En medio de este huracán
político, no hay con él
medio de comunicar.
Por todas partes empieza
la rebelión a calmar;
todos menos él se vuelven,
todos menos él se dan.
¡Qué desventura la nuestra!
¡Qué aciaga casualidad!
¡Solo no hay para nosotros
parte en el bien general!
¡Y el pobre Juan de Colonia
que aun espera que vendrá!
Sí que vendrá, si no es muerto.
El Rey, de su dignidad
no puede desposeerle;
mas cuando venga, será
tarde. Ni como ni duermo,
calenturiento de afán.

Escena II

Juan Fernández y Maluenda

Maluenda

¡Juan!

Juan	¡Padrino!
Maluenda	¿Tú no sales esta noche?
Juan	No, señor. Espero a Juan de Colonia, que ya tarda; a la oración debió salir de una junta, para ambos de la mayor importancia, y a inquietarme comienza su dilación.
Maluenda	Bueno; pero ¿acabaréis pronto?
Juan	Tal creo.
Maluenda	Es que no quisiera yo que faltaras este año en la colación de Nochebuena a la mesa que Ana nos aderezó.
Juan	En cuanto Juan de Colonia se despida, aunque favor me haríais si me excusarais.
Maluenda	Tendría una desazón Ana si no celebráramos la Navidad como Dios manda, y como la hemos hecho desde nuestra reunión. Estas fiestas de familia,

el riego fecundador
son de esas plantas caseras
que cultiva el corazón
a la sombra de la casa
y del hogar al calor,
y que se llaman cariño,
amistad, estimación,
fraternidad, confianza,
y muchas veces amor.
Escucha, Juan: Yo no quiero
investigar la razón
de tu tristeza; mas sé...
Se sabe, Juan, que estás hoy
metido en una ardua empresa,
en cuya negociación
hay dos faltas: mala suerte
y de cálculos error.

Juan   ¡Padrino!...

Maluenda   Ábreme tu alma,
Juan; tú sabes bien que estoy
en el lugar de tu padre,
y excepto mi salvación,
nada hay que no esté dispuesto
a arriesgar por ti.

Juan   ¡Señor!...
Yo siempre por el primero
os tuve después de Dios,
y os venero como a padre,
con el más filial amor.
Mas no hablemos de mis penas,
porque aunque tan fieras son

que tal vez me hagan hoy mismo
perder hacienda y honor,
como hoy y mañana espero
que han de tener solución
buena o mala, por un día
dejad que con mi dolor
y con mi esperanza luche
como hasta aquí solo yo.

Maluenda   ¡Juan..., me espantas!

Juan   ¿No tenéis
secretos que guardar vos?

Maluenda   Volvemos siempre a lo mismo,
Juan... Los que míos no son,
tengo de ti que guardarlos;
y ese que de mal humor
te tiene ha un año conmigo...

Juan   ¿Qué?...

Maluenda   No tiene explicación.

Juan   Yo solo os he preguntado
quién era.

Maluenda   ¿Lo reveló
él?

Juan   Él dijo que era...

Maluenda   ¡Delirio! ¡Superstición!...
No hablemos de él por si acaso.

Juan	¿Pudiera...
Maluenda	¡Líbrenos Dios! Quienquier que fuere, dejémosle, pues que se fue y no volvió. Y, en último resultado, en veinte años que mansión haces en ésta, pesarte de dar con él no debió la única vez que debiste la vida a su intervención.
Juan	Es verdad.
Maluenda	Pues no pensemos más en ello. Conque voy, y vuelvo.
Juan	Esperad aún un momento; una cuestión vital para mí...
Maluenda	Pregunta.
Juan	¿Se sabe algo del señor de Acuña?
Maluenda	Nada; en un año, noticias de sí no dio; mas se espera de un momento a otro de él tener razón.
Juan	¡Dios lo haga!...

Maluenda	Y tú no olvides
	la primera prevención
	que te hice entrando; haz por ir
	esta noche al comedor.
	Ana comienza a afligirse
	de tu eterna distracción
	y la injusta indiferencia
	que la manifiestas.
Juan	¿Yo...
	indiferente con ella?
	Vos no lo creéis, señor,
Maluenda	Yo no lo creo; yo creo
	que la mala situación
	de tus negocios, te obliga
	a no consagrarla hoy
	todo tu tiempo como antes.
	Creo que tu corazón
	es el mismo; pero a ella
	se le figura que no.
	¿Conque irás?
Juan	Iré.
Maluenda	Hasta luego.
	No tardo mucho.
Juan	¡Id con Dios!

Escena III

Juan	¿Qué hará el buen Juan de Colonia?

Mas venga o no venga ya,
¿qué nos resta que saber?
¿Si decirme la verdad
no querrá, la pesadumbre
por evitarme? ¡Hará mal!
¡Pobre viejo, fiel y honrado!
¡Tal catástrofe a su edad!

Escena IV

Juan y Mariposa

Mariposa   ¿Maese Juan?

Juan   ¿Quién va?

Mariposa   ¡Yo!
Mariposa. ¿Puedo entrar?

Juan   ¡Sí! ¿Qué quieres?

Mariposa   Lo que siempre:
dar una vuelta no más
por vuestro cuarto; un instante
en torno vuestro girar,
y como una mariposa
que alza el polvo en un rosal,
quitaros los pensamientos
que devorándoos están
la existencia.

Juan   Mariposa,
¿cómo te podré pagar
los cariñosos consuelos

que inútilmente me das?
En vano tu imperturbable
alegría, al derramar
en mi alma triste, da siempre
con su insensibilidad.
Tú vuelves siempre en el árbol
de mi tristeza a posar;
mariposa que posarse
cree en clavel primaveral,
y hallándole adormidera,
su acíbar gusta y se va;
mas tú le gustas, te alejas,
y para volver te vas.

Mariposa   Tal es mi instinto, maese;
mi naturaleza es tal.
Yo nací vueltas en torno
de los que amo para dar,
y procuro distraeros;
para daros de solaz
un punto; si no, ¿por qué
Mariposa me llamáis?

Juan   ¡Pobre Mariposa! No eres
tú, ni es ya nadie capaz
de alegrarme.

Mariposa   ¿Qué tenéis?.

Juan   Una tristeza mortal
que me roe las entrañas.

Mariposa   ¿Por qué?

Juan	¿Qué te importa un mal que por mucho que te empeñes no has de poder remediar?
Mariposa	¡Quién sabe! La alondra vuela como el águila caudal, y es un pájaro pequeño. Contadme vuestro pesar; consejo os daré o alivio tal vez.
Juan	La fatalidad no los tiene.
Mariposa	No es cristiano vuestro modo de pensar. La fatalidad es mora, y a un buen cristiano, jamás le abandona la esperanza, que es cristiana; no hay pesar que no tenga fin o cura en la tierra, maese Juan, si el triste o el pesaroso bien con su conciencia está.
Juan	Bien estoy yo con la mía.
Mariposa	Entonces, ¿por qué esquiváis los consuelos, fraternales de quien os los quiere dar, llorando al menos con vos lo irremediable, si lo hay?
Juan	Es inútil, Mariposa:

mis duelos concluirán
dentro de muy poco tiempo,
dentro de un día quizás;
tal vez esta misma noche.

Mariposa   Me habéis dicho eso un millar
de veces; y unos tras otros
vienen los días y van...
y nunca llega ese día.

Juan   Y acaso el que llegará
será otro.

Mariposa   No, maese;
ese otro día en que dais
en pensar, no querrá Dios
hacer para vos llegar.
Dios aprieta, mas no ahoga.
Mañana tras hoy vendrá;
no es siempre huracán el viento,
ni siempre el diablo ha de estar
detrás de la puerta.

Juan   ¿El diablo?
¡Si hubiera uno...

Mariposa   ¡Callad,
no os oiga alguno, maese!...

Juan   ¡Tú desatinas!

Mariposa   Que le hay,
dice el vulgo, en esta casa.

Juan	¿Le has visto tú?
Mariposa	¿Yo?... ¡Jamás! ¿Y vos?
Juan	¿Yo?... ¡Yo no lo sé! Puede que sí...
Mariposa	Pues mirad. Si es que alguna vez al diablo os decidís a evocar, contad conmigo; yo soy de acompañaros capaz a evocarle; no hay mujer lista que no sepa más que el diablo, que no ha engañado más que a la mujer de Adán; y como yo no le engañe, me dejo crucificar. Pero hablemos formalmente, maese: la soledad es la peor compañera; cuando un hombre triste da en andar solo, los diablos le suelen ir a tentar, y acaba por ver visiones: y ese va a ser el final de estas soledades vuestras. Vos habéis dado en andar solo; veis a la familia en la mesa nada más. Comiendo, estáis distraído, lleváis a. la boca el pan, y lo mascáis con trabajo,

y a la fuerza le tragáis.
Si os preguntan por Cuaresma,
respondéis por Navidad,
y parece que el cerebro
se os comienza a barajar.
¿Creéis que yo no tengo ojos?
¿Sin ellos creéis que están
doña Ana y el prebendado,
ante los cuales entráis
y salís como un fantasma
evocado nada más,
para con Juan de Colonia
veniros aquí a encerrar
como alquimistas que quieren
hacer de las piedras pan?
Un mes hace que está hecho vuestro
contrato matrimonial
con doña Ana, y hace un mes
que apenas la saludáis.

Juan

Tienes razón, Mariposa.
Ruin, grosero y desleal
debo haberos parecido;
mas no te puedo explicar
lo que por mí está pasando.

Mariposa

Y lo que pasando está
por ella por lo que os pasa,
y no la queréis pasar,
¿creéis que es gloria? Pues oís
de lágrimas un raudal,
que la hace andar ojerosa,
y enflaquecer, y ayunar,
y estar en Babia de día,

y dormir de noche mal.
Y eso es lo que yo debí
deciros entrando; mas...
con mi maldita costumbre
de dar vueltas sin cesar
en derredor de mí misma
y en torno de los demás,
lo olvidaba.

Juan   Y ¿qué es, en suma?

Mariposa   Que doña Ana os quiere hablar
                        ahora que está el prebendado
                        solfeando en la catedral
                        sus maitines.

Juan   ¿Que doña Ana
                        viene aquí?

Mariposa   La siento ya
                        abrir la puerta. Y ¿qué tiene
                        eso de particular,
                        si sois ya como si fuerais
                        casados en realidad?

Juan   No; yo iré a hablarla a su cámara.

Mariposa   Ya es inútil; aquí está.

Escena V

Juan y Ana. En el fondo, Mariposa

Juan   ¡Ana!...¡Tal paso!...¿Tú aquí?

Ana	Excúsame, Juan, tal paso; pero hemos llegado al caso de que yo te busque a ti.
Juan	Perdona, Ana, mi esquivez, hija de un íntimo afán...
Ana	¡Tú esquivo conmigo, Juan! ¿Te di causa alguna vez?
Juan	Nunca, Ana; mas no te asombre mi esquivez inmerecida, porque hay trances en la vida que mudan el ser de un hombre.
Ana	Pueden a un hombre obligar a mudar genio o costumbres, afanes y pesadumbres, mas no su amor a esquivar. Físicos o espirituales, del hombre a los males, Juan, siempre lenitivo dan las hembras que son leales. dio al hombre la mujer Dios para consuelo en sus penas, y van las mujeres buenas del hombre afligido en pos, Hombre que ama a una mujer y de ella su pena esquiva, de cumplir con él la priva su más gustoso deber. Y galán que de su dama en sus pena se desvía,

con sus desvíos la envía
a decir que ya no la ama.
Desvíos heridas son
que en el corazón recibe,
porque la mujer no vive
más que con el corazón,

Juan Tienes razón, Ana mía;
mujeres como tú eres,
son ángeles, no mujeres,
que Dios a la tierra envía.
Y Dios, Ana, me es testigo
de que, por creerte tan buena,
es por lo que yo mi pena
esquivó partir contigo.

Ana Al punto a que hemos llegado,
con tu esquivez no me avengo:
palabra dada te tengo,
palabra me has empeñado.

Juan ¡No quiera Dios que yo cargue
tu alma buena con mi afán!

Ana Óyeme: no quiero, Juan,
que mi estancia aquí se alargue.
Tu amor tengo en más estima
que el más preciado tesoro;
pero atiendo a mi decoro
cuanto tu mal me lastima.
¿Qué tienes, Juan, que ha dos meses
que andas tan triste y huraño?
Tu tristeza. me hace daño.
Su causa son intereses

menguados en tu fortuna,
según colijo.

Juan   Mira, Ana...,
mis penas hoy o mañana
tendrán solución alguna.
Ten paciencia un día más;
déjame solo con ellas.

Ana   No, Juan; mi fe ni mis huellas
nunca he de volver yo atrás.
Resuelta vine a saber
qué es lo que tanto te aqueja
y tanto de ti, me aleja;
habla, Juan, porque ha de, ser.
Yo te amo; mi amor pretende
partir tus penas contigo;
secretos tienes conmigo,
y que los tengas me ofende.

Juan   No te debe de ofender;
quien ama con fe sincera,
no es posible que hacer quiera
a quien ama, padecer.

Ana   Menos lo es que esté en acuerdo
con tu opinión quien bien te ame;
déjame que a tu alma llame
la mía con un recuerdo.
Oye, Juan: Maluenda es
mi tutor y tu padrino;
me echó a su casa el destino
de estar tú en ella después,
y en esta casa al entrar

como en un hogar paterno,
de su santuario en lo interino,
te hallé sentado a su hogar.
Vivir me hacían aislada
por razones que aun no sé;
tu conducta siempre fue
por tu honradez alabada.
Yo sencilla, tú leal,
nadie nos iba a la mano.
Vi en ti, al llegar, un hermano
con sencillez fraternal,
Como en casa te tenía
tu labor de imaginario,
era mi placer diario
mirar tu imaginería.
De tus manos para ver
tus imágenes salir,
acostumbreme a vivir
todo el día en tu taller.
Mas mi sencillez, curiosa
de tu labor, alcanzaba
que en tu taller estorbaba
mi inutilidad ociosa.
Poco a poco, en tus figuras
mis manos poniendo fui,
y ayudándote, aprendí
a estofar tus esculturas.
Tres años así vivimos
debajo del mismo techo.
Largo el tiempo, corto el trecho
de tu taller..., nos quisimos.
Y en vida tan familiar,
en que hoy, lo mismo que ayer,
juntos solemos comer,

juntos vamos a rezar;
y huérfana yo en la tierra,
y a ti prometida ya,
el mundo para mí está
en la casa que me encierra.
Mi esperanza, mi ventura,
mi compañía, mi amparo,
veo en ti cuanto me es caro
en mi existencia futura.
Como esos muros de piedra
en que la yedra se cría,
que íbamos a ser creía,
el muro tú, y yo la yedra.
Y hoy que un íntimo pesar
tu porvenir torna oscuro,
¿quieres la yedra del muro
en el turbión separar?
¡No! Si el huracán pedazos
yedra y muro debe hacer,
Juan..., el muro ha de caer
de su yedra fiel en brazos.
Habla, pues. ¿Qué tienes? ¡Di!
¡Habla, Juan; nada me arredra!
¡Yo soy para ti la yedra,
y tú el muro para mí!

Juan   ¡Ana de mi corazón...
                tu corazón es de oro!

Ana   ¿Lloras, Juan mío?

Juan   Sí, lloro;
                pero mis lágrimas son
                de placer, de gratitud

86

al Dios que mi pena inmensa
con tu inmenso amor compensa
con tu inmensa virtud.

Ana   Pues bien; fía en mí tu pena.

Juan   No es mía solo.

Ana   No importa.

Juan   Pues oye, Ana; será corta
mi relación.

Ana   Norabuena.

Juan   Un magnate en cuya fe
Juan Colonia y yo fiamos,
faltó, y ahora nos hallamos
sin quién crédito nos dé.
Millón y medio debemos,
a nuestra honradez fiado;
perdiérase lo gastado
y encarcelados seremos.
Seguirá otro nuestra empresa
con garantías mayores,
y al fin por estafadores
nos tendrán. Mi pena es ésa.

Ana   Y es grande, Juan, y me espanta,
mas Dios aprieta y no ahoga.
Fía en Dios, aunque la soga
sientas puesta en la garganta.

Juan   ¡Ana…, desespero!

Ana	Escucha: mi tutor me ha dicho que era de no sé quién heredera, y que mi hacienda era mucha. Casémonos; que se cobre quien sea, aunque se malvenda. ¡Viviremos sin hacienda; el corazón nunca es pobre!
Juan	El tuyo no tiene par.
Ana	Toma uno y otra.
Juan	No quiero. A Juan de Colonia espero, y aun tengo algo que esperar.
Ana	Si no hay nada, haremos feria de cuanto tengo, mañana.
Juan	No; con ello compras, Ana, la deshonra y la miseria. ¡Nunca! Si Dios me abandona o no me ayuda el demonio, conserva tu patrimonio y olvídame.
Ana	¡Juan!...
Juan	Perdona... tan ruin desesperación, ¡mas hombre no puede ser el que arruina a su mujer!

Ana	¡Juan..., tú pierdes la razón!
Juan	Todo lo podré perder, Ana, mas no el corazón.
Ana	¡Serénate!
Juan	Estoy sereno.
Ana	Acepta.
Juan	En vano porfías.
Ana	¡Te pierdes!
Juan	Por noble y bueno.
Ana	¡Me pierdes!
Juan	¡Son cuentas mías!
Ana	¡Me matas!
Juan (Desesperado.)	¡Y me condeno!
Ana	¡Dios mío!

(Golpes dentro.)

Mariposa	¡Llaman!
Ana	Me voy. Si pierdes todo sostén,

no olvides que yedra soy
que adherida al muro estoy.
Si caes, a mis brazos ven.

(Vase.)

Juan   ¡Alma leal, donde arraiga
tan generoso heroísmo!
Solo caeré, cuando caiga;
no temas que el muro traiga
tras sí la yedra al abismo.

Escena VI

Juan Fernández y Juan Colonia

Colonia   ¡Juan!...

Juan   Entrad. Sal, Mariposa.
(Vase Mariposa.)   ¿Qué hay?

Colonia   ¡Juan..., todo se perdió:
Dinero, crédito y fama!

Juan   ¿Rehúsan?

Colonia   No hay transacción;
pagar cuanto ya se debe
y el medio cuento que yo
volví a tomar del depósito,
confiando en que el señor
don Luis de Acuña debía
volver al fin.

Juan	Pero ¿no... vuelve?
Colonia	No.
Juan	¿No hay esperanza?
Colonia	Ninguna. La rebelión se extinguió. Completo indulto por los Reyes sé otorgó a todos cuantos en armas estuvieron.
Juan	¿Y él...
Colonia	Quedó fuera de gracia, a no estar para la Circuncisión en su diócesis; ¡y faltan seis días!
Juan	¿No os ocurrió pedirle de plazo...
Colonia	¡Sí!
Juan	¿Y rehusaron?
Colonia	¡Mayor afrenta nos hacen!
Juan	¿Cuál?
Colonia	Juan Barahona de Alós,

el morisco, está nombrado
en nuestra sustitución.
Mañana, a pesar de ser
Natividad del Señor,
vendrán a notificarnos
que nos demos a prisión.
¡Juan..., yo moriré de pena!
¡A mi edad tal deshonor!
¿Y mis hijos? ¿Y mi casa?

Juan   Calmaos, padre; yo soy
el que pagaré por todos,
yo soy vuestro fiador.

Colonia   ¡No, no, Juan! Contra nosotros
han hecho conjuración.
Dicen que somos rebeldes,
que nunca fuimos en pro
de los Reyes, que el Cabildo
entero está en conexión
con nosotros, y el de Acuña...
que ¡quién sabe el bien señor
lo que pasará!

Juan   Mas ¿cómo
él solo fue del perdón
exceptuado?

Colonia   No es él solo:
con él están otros dos
de Burgos.

Juan   ¿Dos?

Colonia	Uno es clérigo y otro seglar.
Juan	¿Quiénes son?
Colonia	El Encapuchado y don Lope de Rojas.
Juan (Aparte.)	¡Oh! Van tres veces que esta noche traen a mi imaginación su memoria. ¡Hoy hace el año!
Colonia	¿Qué piensas, Juan?
Juan	Que es mejor que durmamos... si podemos.
Colonia	¡No podré!
Juan	¡Tampoco yo! Pero hemos hecho cuanto hombres hacer pudieron. ¡Que Dios se lo demande al de Acuña! Tengamos resignación.
Colonia	¡Tu resignación me espanta! ¡Ve da miedo hasta tu voz!
Juan	Dejémoslo, buen anciano, que lo pondremos peor cuantas más vueltas lo demos. Idos. Con Maluenda voy a consultarlo esta noche,

y mañana... saldrá el Sol...
y veremos lo que sale.

Colonia   Sí: tal vez es lo mejor.
                   Me voy.

Juan   Voy a acompañaros.

Colonia   No; fuera tengo a Simón.
                   Quédate.

Juan   Id, y todavía
                   no os desesperéis, que Dios
                   o el diablo aun pueden enviarnos
                   una buena inspiración.

(Le conduce a la puerta, y al abrirla, ve a Mariposa, y dice:)

                   ¿Tú ahí, Mariposa? Alúmbrale.

Mariposa   Voy.

Colonia   ¡Adiós, Juan

Juan   ¡Id con Dios!

Escena VII

Juan Fernández   ¡Miserables de nosotros!
                   ¡Vamos a ser la irrisión
                   de todo Burgos! ¡Oh, mengua!
                   Toda una vida de honor,
                   de honradez y de trabajo,
                   se va a hundir en el baldón

de una infamante sentencia.
Cuanto da al hombre valor
y decoro en sociedad,
dignidad, reputación...
mañana lo perderemos;
y hasta el nombre, porque en pos
de él irá la infamia echándolo
en cada letra un borrón.
Perderemos... ¿Qué me importa
lo que pierdan otros? ¡Yo
voy a perder para siempre
cuanto bien, cuanta ilusión,
cuanta esperanza mi alma
engañada atesoró;
y el único bien que ansiaba,
lo único que el corazón
me hacía latir, lo único
por lo que viví, el amor
de Ana! ¡Maldita la hora
en que a esta casa llegó!
¡Maldita la en que sentí
palpitar mi corazón
por ella! ¡Maldito todo
cuanto a ganar me ayudó
el suyo! ¡Malditas todas
mis imágenes, labor
perdida con que los templos
mi talento enriqueció!
¡Para verme abandonado
así en la tierra por Dios,
valiera más consagrarle
tanta rica creación
a un espíritu infernal
que las pagara mejor!

Escena VIII

Juan y Mariposa, en la puerta a tiempo.

Mariposa   ¡Maese Juan!

Juan   ¿Qué hay?

Mariposa   ¡Dios mío!
       ¡Qué agitado estáis!

Juan   ¡Estoy
       dado a Satanás!

Mariposa   Afuera
       pregunta un hombre por vos.

Juan   ¿Quién es? ¿Qué quiere?

Mariposa   No sé.
       Cuando Colonia salió,
       se me entró puertas adentro;
       dice que con precisión
       tiene que veros.

Juan   No quiero
       ver a nadie.

Mariposa   Me siguió
       aquí...

Juan   ¡Que entre noramala
       el imprudente!

(Mariposa se va y cierra la puerta.)

Encapuchado   ¡Aquí estoy!

Escena IX

Juan y el Encapuchado

Encapuchado   ¡Buenas noches, maese Juan!

Juan   ¡Buenas! ¿Quién sois?

Encapuchado   Soy un hombre
                     que os estima.

Juan   ¿Vuestro nombre?

Encapuchado   No importa; sé vuestro plan,
                     y sé que daríais algo
                     al que os valga en él; yo tengo
                     medios de ello, y a eso vengo;
                     y soy hombre que lo valgo.

Juan   ¿Dónde he oído yo esta voz?

Encapuchado   No importa al caso mi faz
                     tampoco. Hablemos; fugaz
                     pasa el tiempo, y va veloz.

Juan   ¿Decía que mi afán sabéis?

Encapuchado   Mejor que vos.

Juan	¿Y a servirme venís?
Encapuchado	Si queréis oírme, y también si no queréis.
Juan	¿Aun contra mi voluntad?
Encapuchado	¿No os estabais dando al diablo? Pues daos a mí, que os hablo de seros útil.
Juan	Hablad.
Encapuchado	Yo sé mucho.
Juan	¿Qué?
Encapuchado	Sé todo lo que saber os conviene.
Juan	Y ¿qué es?
Encapuchado	Que el de Acuña viene.
Juan	¿Viene?
Encapuchado	Sí; pero de modo que en vez de valeros él, su venida os perjudica. Su Ilustrísima no es rica.
Juan	¿No?

Encapuchado	Fernando é Isabel toda su hacienda embargada tienen; es la condición impuesta a su sumisión. De Acuña no esperéis nada. Sus enemigos han hecho contra él bando de bandidos, y hoy todos sus protegidos estáis con el agua al pecho.
Juan (Vacilando.)	¿Y...
Encapuchado	¿Ana? Hereda pingüe haber; mas es si un hombre se muere y si él dejársele quiero, que por fuerza no ha de ser, Si Ana se casa con vos, lo hará, mas será desdoro que paguéis vos con su oro y os quedéis pobres los dos.
Juan	¡Jamás tal imaginé!
Encapuchado	Ya lo sé; pero os lo digo... porque de ambos soy amigo y cuanto os concierne sé.
Juan	¿Sabéis...
Encapuchado	Cuanto vos y ella necesitáis hoy saber... si la tomáis por mujer.
Juan	Si no por mi mala estrella,

así fuera.

Encapuchado   Para ello
no hallaréis inconvenientes;
sois ricos é independientes.

Juan   Estoy con el agua al cuello,
¿y me salís con que soy
rico?

Encapuchado   Y lo será doña Ana
también.

Juan   ¿Cuándo?

Encapuchado   Vos, mañana
si conmigo tratáis hoy.

Juan   No os comprendo, y a creer
comienzo que...

Encapuchado   ¿Qué?

Juan   Que os burláis.

Encapuchado   Yo nunca me burlo, y vais
a empezar a comprender.
Para casaros con Ana
os faltan dos cosas.

Juan   ¿Dos?

Encapuchado   Saber quién sois ella y vos,
y cien mil doblas mañana.

Juan	¿Ana...?
Encapuchado	Es la hija postrera de una familia proscrita que asegurar solicita su ventura venidera. Y Ana prenda de cariño, y vos de venganza prenda, fuisteis dados a Maluenda ella muy niña y vos niño.
Juan	¿Y Ana...?
Encapuchado	No preguntéis más de esto; ya os prueba lo dicho que yo no tuve capricho de andar en burlas jamás. Si os casáis con Ana, y fiel la sois, os dará Maluenda cuenta de ella y de su hacienda... cuando se la den a él.
Juan	Eso es lo que hoy ya no espero.
Encapuchado	Hoy ese afán os asalta por el dinero que os falta; mas yo os traigo ese dinero.
Juan	¿Vos?
Encapuchado	¿No os estabais aquí por dinero dando al diablo? Pues de eso es de lo que os hablo.

Juan	¿Sois...?
Encapuchado	Haced cuenta que sí. Veis que al ir a preguntarme por Ana, os salí al encuentro; no podéis, pues, lo que hay dentro de vuestra mente ocultarme.
Juan	¡Leéis en el pensamiento!
Encapuchado	Y sé bien que de otros dos en quienes pensáis, con vos habló Colonia ha un momento. Y si de ellos os respondo, es solo porque veáis que sé en qué agua os anegáis y os puedo sacar del fondo.
Juan	Los recuerdos que a asaltar me vienen, ¿sabéis también?
Encapuchado	Sí; preguntadme por quien me queríais preguntar, no hay por qué de ello me extrañe; mas de lo que en esta casa pasa, preguntad con tasa no más que lo que os atañe.
Juan	¡Leéis en mi pensamiento!
Encapuchado	¡No! Dígoos lo que me toca; de lo de otros, punto en boca, preguntad, pero con tiento,

102

pues ya podéis calcular
que hombre no soy de venir
a Burgos a descubrir
lo que ellos quieren callar.

(Aparte.)   (¡Bravas tentaciones son
                          amor, miedo é interés!)

Juan (Aparte.)   (A pesar de mi aflicción,
                          comienzo a creer que atención
                          merece; veamos, pues.)
                          ¿Los secretos de esta casa
                          sabéis vos?

Encapuchado   Tan conocidos
                          me son, que en ella escondidos
                          sé que hay tesoros sin tasa.

Juan   ¿Tesoros aquí?

Encapuchado   En talegas
                          con el oro hasta la boca;
                          mas fuera imprudencia loca
                          en mí dároslos a ciegas.
                          Quien la casa fabricó,
                          me fió a mí sus secretos;
                          los que os atañen, completos
                          puedo fiároslos yo.

Juan   ¿Sabéis, pues, quién la hizo?

Encapuchado   ¡Sí!
                          Don Pedro Antonio de Rojas.
                          De esta puerta por las hojas
                          le sacaron ante mí

muerto; era yo muy pequeño.

Juan

Y conocéis...

Encapuchado

¿A su hijo
don Lope? ¡Sí; era canijo,
desmedrado y zahareño!
Después se desarrolló;
clérigo a ser le forzaron;
tal vez le desesperaron,
y al fin al diablo se dio.

Juan

Y ¿era él...

Encapuchado

Lo que os interesa
a vos, preguntar podéis;
lo de otros... no preguntéis,
pues vuestra cuenta no es ésa.
Don Lope de Rojas va,
por los muchos estropicios
que hizo, haciendo beneficios,
y hoy en penitencia está.
Con el Papa confesó,
y diz que el Papa le ha absuelto;
y volverá, si no ha vuelto...
y harto ya nos ocupó.

Juan

¿Y el Encapuchado?

Encapuchado

Lucha
todavía encapuchado;
mas cuando esté asegurado,
él tirará la capucha.

Juan	Y ¿sabéis...
Encapuchado	Yo lo sé todo, ya os lo he dicho; pero estáis perdiendo el tiempo, y lo vais todo a perder de ese modo. Preguntadme sobre cosas que necesitéis saber.
Juan	Decid.
Encapuchado	Habéis menester mañana sumas cuantiosas.
Juan	Esa no la necesito saber; ya la sé, y me pesa.
Encapuchado	Mas no sabéis que más gruesa es la que yo os facilito.
Juan	¿Vos...?
Encapuchado	¡Yo!
Juan	¿Con qué condición?
Encapuchado	A dárosla aquí me obligo si de veniros conmigo me firmáis obligación.
Juan	¿Irme con vos? ¿Dónde? ¿Cuándo?
Encapuchado	No os deis a pensar diabluras, porque os quedaréis a oscuras

aunque un mes estéis pensando.
El negocio es muy sencillo.
Rico, en país más caliente
que éste, necesito gente
para labrarme un castillo,
un puente, un templo, un palacio,
y, en fin, cien obras maestras;
necesito manos diestras,
y las busco con despacio.
Maese Juan de Colonia
y vos, fracasado habéis
en vuestra empresa, y os veis
ahora en una Babilonia.
Tras de lo que os ha pasado,
os conviene abandonar
por algún tiempo el lugar
en que habéis tan mal quedado.
¿Queréis que conmigo os lleve
después de satisfacer
todo aquí? Podéis poner
plazo a gusto, largo o breve.
Uno que no juzgue extraño
al pueblo que abandonáis.
Cuando la obra concluyáis;
si os place, de hoy en un año.

Juan   La propuesta, si es leal...

Encapuchado   No es tan mala: un año entero,
                y a mano triple dinero
                de vuestra deuda total.

Juan   ¡La propuesta es tentadora!

Encapuchado	El aceptarla os conviene,
	porque aunque el de Acuña viene,
	viene sin dinero ahora,
	y vos sin don Luis de Acuña...
Juan	¿Sabéis...?
Encapuchado	¡Ya veis que sé mucho!
	Cuando me interesa, escucho,
	y oigo crecer una uña.
	Ya a escuchar estoy tan hecho,
	que ahora que de oír se trata,
	estoy oyendo la plata
	y el oro bajo este techo.
Juan	¿Aquí?
Encapuchado	Aquí. No os alarméis
	con diabólicos antojos;
	aquí os lo pondré a los ojos
	para que vos lo contéis.
Juan	¿Aquí?
Encapuchado	Os daré el medio cuento
	que por fiador perdisteis,
	los jornales que no disteis,
	y cuanto hayáis hecho asiento
	de pagar en vuestra empresa.
	Concluiréis vuestra obra,
	y al concluirla, de sobra
	tendréis una suma gruesa;
	porque es más lo que os daré
	que lo que vos deseáis.

Si a venir os obligáis
al año, por vos vendré.

Juan   ¡Es grande la tentación!

Encapuchado   Os va la honra, la vida
                social, la mujer querida;
                cuanto tiene estimación,
                a cuanto aspira y alcanza
                el hombre sobre la tierra,
                y el mayor placer que encierra
                el de pagar: ¡la venganza!

Juan   ¿La venganza?...

Encapuchado   Os han vendido,
                escarnecido, estafado,
                y, en fin, os han afiliado
                a político partido;
                y mañana, con el Rey
                para hacerse buen lugar,
                encima os debe de echar
                su injusto fallo la ley.
                Pagad, y se vuelve el plato,
                y se recobra la vida,
                la honra, la mujer querida,
                y... ¡Aceptad! ¡Es un buen trato!

Juan   ¡Creo que me fascináis!

Encapuchado   Es la excitación nerviosa
                de vuestro afán; cualquier cosa,
                maravilla imagináis.
                No es más que la exaltación

de tantos días de afán,
porque mis frases están
acordes con la razón.
Es un contrato cualquiera:
vos necesitáis dinero,
yo os necesito, y os quiero
dar labor de Burgos fuera.
Por un puñado del oro
que os falta y a mí me sobra,
podéis salir de zozobra,
recobrar vuestro decoro,
la reputación perdida,
la libertad amagada,
la luz que os será quitada,
y, en fin..., ¡la mujer querida!

Juan   ¡Me estáis poniendo ¡ay de mí!
              a punto de enloquecer!

Encapuchado   ¿Dudáis?... ¿Necesitáis ver?...
              ¿Ver el oro? ¡Vedlo ahí!

(Toca en la pared a que está pegada la mesa, salta una tapa y tira sobre ella
muchas talegas; una se rompe y rueda el oro por todas partes.)

Juan   ¡Ah!

Encapuchado   ¡Ved! Contad. Dicen que es
              placer de avaros villanos;
              mas no, cogedlo a dos manos,
              pagad y contad después.
              Ese oro es la paz, la vida,
              la virtud, la fe, el valor,
              el porvenir, el honor,

y Ana, la mujer querida,
Ana, el ángel del hogar,
la yedra que se ase al muro;
todo eso os lo da seguro
ese oro con que pagar.

Juan   ¡Sí!... ¡Sí! Pagar y tener
libertad, honra, esperanza,
pan, lecho, hogar...

Encapuchado   ¡Y venganza
y a doña Ana por mujer!
¡Firmad!

(Le pone delante un pergamino.)

Juan   Dadme, y aunque vos
seáis el mismo Satanás...

Encapuchado (Interrumpiéndole.)
          Firmad...

Juan   ¡Tened!

(Le da el pergamino firmado.)

Encapuchado   ¡Bien! ¡Jamás...
falta a nadie el diablo o Dios!

(Mientras Juan, fascinado por el oro, le contempla con febril asombro, el Encapuchado se va acercando a la puerta.)

Juan   ¡Me parece que me baño
el corazón en este oro!

110

¡Mío!... ¡Mío este tesoro!
¡Mío!...

(Mientras Juan está embelesado con el oro, el Encapuchado se va de puntillas, diciendo:)

Encapuchado   ¡Hasta de hoy en un año!

(Vase.)

Escena X

Juan. Después Mariposa

Juan   ¡Mío, Sí! ¡Con qué placer
                       calenturiento sepulto
                       en él mis manos, y a bulto
                       sus piezas hago correr!
                       ¡Corre, sí, cascada de oro,
                       que representas la vida,
                       la libertad, el decoro,
                       la luz, la mujer querida,
                       cuanto ansío y cuanto adoro!
                       ¡Corre, cascada brillante!
                       ¡Vibra, sonoro metal;
                       cae de mis ojos delante,
                       deslumbrador, rutilante,
                       como un áureo manantial!
(Pausa muy breve.)   ¡Ay! ¡Yo creo que deliro!
                       ¡Todo ese oro!... ¡No le quiero!
                       ¿Qué es lo que he hecho? ¡Caballero...
                       lleváosle! Mas ¿qué miro?
                       ¡No está! ¡El delirio me acosa!
                       ¡Se fue! ¿Si estará allá fuera?...

¡Mariposa!... ¡Mariposa!

Mariposa	¿Qué sucede? ¿Qué os altera?
Juan	¡Llámale!
Mariposa	¿A quién?
Juan	Al que estaba aquí.
Mariposa	¿Por dónde se ha ido?
Juan	¿Qué dices?
Mariposa	Que no ha salido por ahí; yo le esperaba.
Juan	¡No lo quiero!... ¡No lo quiero! ¡Voy tras él!...

(Coge atropelladamente la capa y el sombrera mientras dice. «¡No lo quiero! ¡No lo quiero», y al llegar a la puerta, sale Maluenda.)

Escena XI

Juan, Mariposa y Maluenda

Maluenda	¿Adónde vas?
Juan	¡No lo sé!
Maluenda	¿Y ese dinero?

Juan   Él me lo dio.

Maluenda   Di primero
                      quién es él.

Juan (Tiende la capa sobre el dinero, abraza con los brazos el sitio de la
          mesa en que está, como para cubrirlo y defenderlo,
          y dice:)

          ¿Él? ¡Satanás!

Jugada III

Habitación del prebendado Luis de Maluenda: puerta en el fondo que da al exterior; ídem a la izquierda que da al gabinete de Maluenda; chimenea grande a la derecha. Mesa en medio y muebles de la época.

Escena I

Maluenda. Después Mariposa.

Maluenda	Este es el giro peor que tomar pudo el asunto; fortuna que ya está a punto de tornar a fin mejor.
(Llamando.)	¡Mariposa!

Mariposa (Saliendo.) ¿Qué mandáis?

Maluenda	¿Dónde está Ana?
Mariposa	En su aposento.
Maluenda	Dila que venga un momento.
Mariposa	Si antes licencia le dais, Juan de Colonia quisiera hablar con vos.
Maluenda	Pues ya tarda. ¿Dónde está?
Mariposa	Aquí fuera aguarda.
Maluenda	Y ¿por qué aguarda ahí fuera?

Colonia de casa es.

Mariposa	Como esperabais...
Maluenda (Interrumpiéndola.)	No importa; es prudente, y siempre es corta su visita; que entre, pues.

Escena II

Maluenda y Juan de Colonia.

Colonia	Muy buenas noches, señor prebendado.
Maluenda	¿Qué tenemos, mi buen Colonia? ¿A estas horas vos por esta casa?
Colonia	Vengo, a ver a Juan; pero mi hijo Simón me ha dado el consejo de que a hablar no entrara a Juan sin hablar con vos primero.
Maluenda	Y el consejo fue bien dado.
Colonia	Pues ¿qué es lo que hay? ¿Está enfermo?
Maluenda	Enfermo precisamente no está. No tiene su cuerpo lesión ni dolencia alguna que necesite del médico;

	pero está malo.
Colonia	¿Está malo,
	y no lo está? No os comprendo.
Maluenda	Pues así es, como os lo digo.
	Se le ha metido en los sesos
	que ha hecho pacto con el diablo,
	y no hay quien le apee de ello.
Colonia	Pues antes de ayer me envió
	una epístola diciendo
	que hoy, esta noche, le urgía
	que sus cuentas y su cuento...
	porque es un cuento, un millón,
	la suma que le devuelvo,
	quedaran en su poder,
	y se los traigo.
Maluenda	En efecto;
	hoy es cuando dice Juan
	que debe de estar dispuesto
	a todo, porque hoy el plazo
	cumple del pacto que ha hecho.
Colonia	¡Jesús! Pues ¿qué es lo que así
	le ha barajado el cerebro?
Maluenda	No hemos podido sacárselo;
	pero como el plazo puesto
	por el diablo es esta noche,
	de él esta noche saldremos.
Colonia	Siendo así, ya pocas son

las aguas malas.

Maluenda   Yo espero
que al fin esta noche, o él
desengañado, o resuelto
el enigma de su pacto,
volverá en sí.

Colonia   Lo deseo
con el alma; porque ahora
que los bandos concluyeron,
que hay justicia vigorosa,
que las artes y el comercio
prosperan, que no hay un grito,
ni un robo, ni un descontento,
ni un desterrado; que todos
a sus hogares han vuelto,
y que el perdón de los Reyes
es sin restricción...

Maluenda   Completo,
padre Colonia; absoluto;
diez días ha que vinieron
las órdenes de los Reyes
y del Nuncio, previniendo
que hasta don Lope de Rojas
volviera a tomar asiento
y congruas en el Cabildo.

Colonia   Y cuando a ése le han absuelto...

Maluenda   ¡Ya puede venir el mismo
Encapuchado!

118

Colonia	¡Qué buenos sustos nos dio aquel maldito Encapuchado en aquellos días de sitio!
Maluenda	En aquellas noches diréis; mas todo eso es ya cosecha vendida, cuenta rota y cuentos viejos.
Colonia	Es verdad. ¿Conque es decir que al pobre Juan ver no puedo?
Maluenda	Sí que podéis, buen Colonia; vos sois hombre circunspecto, y con no daros con él por entendido...
Colonia	No tengo más que hacer que darlo todas las cuentas, que están con sellos del juez, y la carta-orden para el señor tesorero del señor don Luis de Acuña, quien, como le devolvieron los Reyes hacienda y renta, hace más de mes y medio que sus cuentas con nosotros ha saldado por completo, y es lo que cobrarle falta y pide Juan; aunque el crédito sabe ya que lo tenía yo en mi poder, pero feo me pareció ir a cobrar

	con premura.
Maluenda	Por supuesto.
	Lo que hagáis, estará bien;
	id y despachad, que luego
	iré yo.
Colonia	Que Dios os guarde,
	señor Maluenda.
Maluenda	Id, buen viejo.
	¡Mariposa! Alumbra a Juan
	de Colonia... ¡y con respeto!

(Sale Mariposa.)

Mariposa	Perded cuidado.
Maluenda	Y avisa
	a Ana.
Mariposa	Os la envío al momento.

Escena III

Maluenda y Ana.

Maluenda	¡Bravo hombre! De éstos hay pocos;
	la raza se va perdiendo.
	Setenta años tiene, y marcha
	con, cuerpo y alma derechos.
	Dios ponga tiento en su lengua
	con Juan, y a mí me dé tiento
	con él también esta noche,

pues no sé por qué me temo
alguna diablura. Vaya,
ya viene Ana. Comencemos
a allanar dificultades.

Ana   ¿Puedo entrar?

Maluenda   ¡Adentro! ¡Adentro!

Escena IV

Maluenda y Ana.

Ana   fue a decirme Mariposa...
                     que me llamabais.

Maluenda   Es cierto.
                     Necesito hablar contigo;
                     conque siéntate, y hablemos.
                     ¿Quieres mucho a tu marido?

Ana   Con el alma. ¡Era tan bueno!...

Maluenda   Y volverá a serlo.

Ana   ¡Nunca!
                     ¡Loco está!

Maluenda   Reflexionemos,
                     Ana.

Ana   ¡Está loco! Está loco
                     para siempre; no hay remedio.

Maluenda	Yo espero que le haya; escúchame: si de esta noche podemos sacarlo y desengañarle...
Ana	Esta noche es la que temo yo.
Maluenda	Es natural; tiene fijo en el plazo el pensamiento.
Ana	Pero decidme, señor prebendado, vos que de eso debéis entender, ¿podrá ser verdad que...
Maluenda	¡Ni por pienso!,
Ana	Es que dicen que esta casa...
Maluenda	¡Hablillas del vulgo necio! También a mí me lo han dicho; mas si le tiene en efecto, solo es guardián que nos vela, y no espíritu molesto.
Ana	Es verdad. Mas yo ya dudo...
Maluenda	Fía en mí. A lo que comprendo, Juan, en la fiebre del oro que le acosaba, al infierno invocó cuando a su cuarto entró el que venía el préstamo a proponerle.

Ana	Mas ¿quién pudo...
Maluenda	Cualquiera, sabiendo la situación del negocio, que era público, y por buenos pagadores reputándoles, pudo intentarlo y hacerlo. Juan, en la fiebre del oro, firmó el trato; y el dinero al ver delante de sí, debió de hacerle un efecto tal en la imaginación, que olvidado del sujeto, y recordando que al diablo invocaba en el momento de entrar él, cree ahora que es el diablo quien le hizo el préstamo
Ana	Pero si dice que el hombre desapareció.
Maluenda	En efecto; si el que era vino a salvarle con un favor, caballero, para guardar el incógnito, dio la vuelta lo más presto que pudo. Si era un judío que hacer negocio logrero se propuso, en cuanto lo hizo se fue con su documento firmado; Juan, viendo el oro, no le vio a él, y así entiendo yo la desaparición

y el hallazgo del dinero.

Ana

¿Y Mariposa, que dice
que no le vio?

Maluenda

Si durmiendo
se estaba ella en la antesala
cuando él se fue, yo lo creo.
¡Buen testigo es Mariposa!
Tan bueno como el insecto
cuyo nombre le habéis dado
por su ligereza; pero
vamos a ver si esta noche
convencer a Juan podemos.

Ana

Si hoy cumple en verdad el plazo
y viene el que es...

Maluenda

Le veremos.
¿Qué puede pedir? La suma
con un interés inmenso
tal vez; pero entrará en cuentas,
y aunque cobre algún exceso,
se le pagará, que ahora
lo que nos sobra es dinero.

Ana

Es que lo que dice Juan
no es que ha de venir por ello,
es que ha de venir por él.

Maluenda

En fin, si viene, veremos
a lo que viene, y si no,
a Juan tranquilizaremos.
Venga o no venga, tú estate

prevenida a todo evento,
y ayúdame a preparar
a Juan; porque lo que quiero
yo, que venga o que no venga,
es que esta noche acabemos.

Ana   Y yo también, porque paso
algunas...

Maluenda   Pues ¿dio en extremos
Juan?

Ana   Al principio era solo
manía de contar cuentos
de aparecidos..., visiones
de anacoretas...; con ellos
me entretenía escuchándole.
¡Después empezó proyectos
raros a hacer, y a echar planes
de grandes viajes, de inmensos
trabajos, maravillosos
y babilónicos, hechos
por encargo de un gran príncipe
que reina lejos..., ¡muy lejos!
Pero empezó con Diciembre
a formular sus primeros
delirios con el demonio,
y a contar casos horrendos
de pactos con Satanás;
hasta que anteanoche, en medio
de las tinieblas, convulso
de afán, de sudor cubierto,
le sentí que me abrazaba
arrancándome del sueño,

y me decía al oído
muy bajo: «¡Ana, soy un réprobo!
¡Me he vendido a Satanás,
y venir por mí le siento!»
Di un grito; en la oscuridad
sujeté sus brazos trémulos,
y él diciéndome seguía:
«¡Háblame, Ana; tengo miedo!»
Mas yo no podía hablarle.
Encendí luz..., y en el lecho
me lo encontré incorporado,
pálido como un espectro,
desencajados los ojos
y erizados los cabellos.
Entonces yo fui, señor,
yo fui la que tuve miedo.
Muda, aterrada y atónita,
le contemplé; los reflejos
de la lámpara a los ojos
asestándole, volviéndolos
él a la luz, poco a poco
fue desenarcando el ceño;
una sonrisa tristísima
poco a poco apareciendo
fue en sus labios contraídos,
y, al fin, los brazos al cuello
echándome, rompió en llanto,
y yo recobré el aliento.

Maluenda   Y ¿en fin...

Ana   Volvió el infeliz
a cobijarse, diciendo:
«¡Perdóname, Ana; soñaba,

y son horribles mis sueños!
Mata la luz, y volvamos
a dormirnos, si podemos.»
¡Y no pudimos! Los dos
nos quisimos en silencio
engañar el uno al otro,
y el Sol nos halló despiertos.

Maluenda   Y ¿recordó al otro día...

Ana   No; desde entonces no ha vuelto
                  a decirme una palabra;
                  pero es peor su silencio.

Maluenda   Ana, es preciso arrancarle
                  de ese delirio funesto;
                  es preciso hablar a su alma;
                  es preciso que en el pecho
                  le busques el corazón,
                  ahogado por el cerebro.
                  Apaga su fantasía
                  con la fe y el sentimiento.

Ana   Lo intentaré, mas será
                  en vano.

Maluenda   Voy a traértelo.
                  No quiero que se esté solo
                  en su cámara un momento.
                  Voy a que Juan de Colonia
                  le deje en paz, porque quiero
                  que esta noche reunidos
                  todos en familia estemos.

Ana	Yo también.
Maluenda	Pues voy por él, y a Mariposa te dejo. ¿Mariposa?
Mariposa (Saliendo.)	¿Señor?
Maluenda	A Ana acompaña mientras vuelvo.

Escena V

Ana y Mariposa.

Mariposa	Me manda que compañía te haga; lo que en buen romance, significa... a todo trance, «que reviente o que se ría». ¿Quieres, pues, Ana, empezar por un lado a sonreír? Porque, o tú te has de reír, Ana, o yo he de reventar.
Ana	¡Cuánto envidio, Mariposa, tu inagotable alegría!
Mariposa	Es naturaleza mía, y en el alma me rebosa.
Ana	No tomas a pechos nada.
Mariposa	Tomo al tiempo como viene.

Ana	Yo no puedo.
Mariposa	Por higiene debías tú...
Ana	Ya casada, ¿cómo no me han de apenar las penas de mi marido?
Mariposa	¿No tienen plazo, y cumplido hoy do debe de quedar?
Ana	Él lo dice.
Mariposa	Pues mira, Ana, deja que el plazo concluya, y cantarás aleluya, o te apenarás mañana.
Ana	Todo lo tomas a juego, nada hay para ti formal.
Mariposa	Ni hay pena que por mortal no tomes tú desde luego. ¿Qué dice Juan? Que ha hecho pacto con un diablo que vendrá por él aquí hoy. ¡Ojalá que sea un demonio exacto!
Ana	¡Jesús!
Mariposa	Déjale venir. Maluenda es grande exorcista, y no hay diablo que a su vista

ose con Juan embestir.
En cogiendo él el hisopo,
veras, aunque sea un diablazo,
cómo al primer hisopazo
se va sacudiendo el jopo.

Ana   Eres capaz, Mariposa,
               de reírte de tu entierro.

Mariposa   Es que yo nunca me aterro,
               como tú, por cualquier cosa.

Ana   ¿Cualquier cosa un miedo tal
               que trastorna su razón?
               ¡Tú no tienes corazón,
               Mariposa, y me haces mal!

Mariposa   Corazón de sensitiva,
               si corazón no tuviera
               Mariposa, no viniera
               a alegrarte compasiva.
               Yo creo en Dios, y no creo
               en el diablo en quien tú crees,
               y ni veo lo que ves,
               ni ves tú lo que yo veo.

Ana   Bien ves que me estoy ahogando.

Mariposa   Y porque te veo ahogar,
               para ayudarte a nadar
               te estoy una mano dando;
               pero tú me la rechazas
               en tu egoísta aflicción,
               negándome un corazón

que tú misma despedazas.
Escucha, Ana: desde niñas
vida común hemos hecho;
mi madre te dio su pecho;
juntas las siembras y viñas
de Quintanilla corrimos,
al par con las mariposas
que alegraban revoltosas
sus espigas y racimos.
Crecimos, y una mañana
nos vinieron a decir
que tú te debías ir
de allí, y que no eras mi hermana.
Yo no pude comprender
cómo mi hermana no era
la de quien la vida entera
vi con la mía correr,
y dije: «Donde Ana vaya
tengo de ir yo»; a ti me así,
y vine cosida a ti
como la alforza a la saya.
Diéronnos aquí a entender
que tu vida era un misterio;
tú lo echaste por lo serio,
yo no lo quise creer.
Un misterio que te hacía
dichosa y acomodada,
que no te estorbaba en nada,
ni con Juan que te quería,
misterio me pareció
que no me debía hacer
esta alegría perder
que Dios al nacer me dio.
Tú al revés: preocupada

con tu insondable misterio,
has llevado por lo serio
tu desdicha imaginada.
Sensitiva impresionable,
de fe y sentimiento rica,
tu buena fe santifica
tu tristeza inexplicable;
y somos, en conclusión,
Ana ingrata, dos mujeres
de distintos caracteres,
pero de buen corazón.
Y si no, ¿quién en el duelo
de tu ruin melancolía
te daba con su alegría
fuerza, esperanza y consuelo?
Di, tórtola quejumbrosa:
¿cuándo en esas horas malas
aire al alma con sus alas
no te dio tu Mariposa?
¿Cuándo no ha tomado a empeño
alegrar tu pena santa,
como pájaro que canta
para placer de su dueño?
¿Quién amparó tus amores?
¿Quién de tu amor los pesares
arrulló con sus cantares,
como hacen los ruiseñores?
¿Quién el lecho te mullía?
¿Quién el sueño te velaba?
¿Quién, de tu cariño esclava,
vivió a tus pies noche y día?
Sensitiva cosquillosa
que te crispas con exceso...,
dóblate a tomar el beso

que te da tu Mariposa.

Ana

Dámele, y a mi aflicción
perdona nimios agravios.

Mariposa

Tómale, y mira en mis labios
si sientes mi corazón.

Ana

¡Cuánto, hermana, te agradezco
que me hayas hecho a la par
llorar y reír, por dar
consuelo a lo que padezco!

Mariposa

Volvamos, pues, a tu pena,
y déjame, si a ello alcanza
mi fe, que te dé esperanza
en tu mala Nochebuena.

Ana

Tengo de ella mucho miedo.

Mariposa

Yo no.

Ana

A mí no se me pasa
lo de que anda un diablo en casa.

Mariposa

Sí que anda, pero anda quedo.

Ana

¿Le has visto?

Mariposa

En la casa anduvo
la Nochebuena en que Juan
riñó con el Capitán;
y bien con él se las tuvo
el diablo, a lo que escuchar

pude tras la puerta alerta;
y aun ver creí por la huerta
con él al diablo cargar.

Ana   Eso viste, ¿y lo has callado?

Mariposa   Yo sé que en casa algo pasa,
                 pero no hay diablos en casa.

Ana   Pues ¿y el del año pasado?

Mariposa   Yo de Juan el aposento
                 abrí a un hombre, que escapó,
                 sin duda, mientras que yo
                 me ausenté por un momento.
                 Quienquier que fuese, un tesoro
                 vino a tiempo a dar a Juan;
                 y Ana, los diablos no dan,
                 para hacer iglesias, oro.
                 Si cree Juan que hoy es el día
                 del plazo, y que el diablo era,
                 o ésta es su noche postrera,
                 u hoy cura de su manía.

Ana   ¡Jesús!

Mariposa   De misterios, creo
                 los de la fe, y nunca he visto
                 diablos, ni adonde yo asisto
                 creo más que lo que veo.
                 Si aquel hombre era un demonio,
                 era un demonio auxiliar,
                 pues vino a Juan a salvar
                 y a, allanar tu matrimonio.

La primera vez que vino,
nos libró del Capitán;
la otra, millones dio a Juan;
no es un diablo tan dañino.
Conque déjale llegar,
que no armará un terremoto
siendo un diablo tan devoto
y en casa tan familiar.

Ana

Capaz eres, Mariposa,
de animar al mismo miedo.

Mariposa

Yo, aturdida no me quedo,
como tú, por cualquier cosa.

Ana

De todas maneras, Juan
me da mucha compasión.

Mariposa

Y tienes mucha razón;
mas hoy saldremos de afán.
Siento a Maluenda venir
con él. Da aliento a su alma,
y hazle que espere con calma,
si viene, al que ha de venir.

Ana

En el afán que me acosa,
yo haré cuanto pueda hacer.

Mariposa

Llámame si has menester
de mí.

Ana

Gracias, Mariposa.

Escena VI

Ana, Maluenda, Juan y Mariposa. Juan, pálido y sombrío, entra delante de Maluenda, como conducido allí por éste. Ana les sale, al encuentro. Mariposa viene detrás de Maluenda. Acercan un sillón a Juan, que se sienta al fuego con decaimiento.

Maluenda
¡Eh! Ya estamos aquí todos
juntos. ¡Acércate, Juan!
¡Sé hombre!

Juan
Vos le habéis visto
conmigo.

Maluenda
Y ¿nos hizo mal?

Juan
Es que aquél era y no era.

Maluenda
¡Que siendo hombre seas capaz
de dejar que te domine
superstición tan vulgar!

Juan
Tenéis razón; lo comprendo
yo mismo; veo que está
con el sentido común
en contradicción..., y están
los libros llenos de casos
de esos... Los oí contar
desde muy niño en la escuela;
y lo que en aquella edad
se aprende..., se queda siempre
impreso... Sí que vendrá.
¡Es infalible..., a las ánimas,

y creo que van a dar!

(Con espanto.)

Maluenda   Falta mucho todavía.

Juan   ¿Mucho?... Permitidme hablar
                  con Ana..., pero avisadme
                  cuando estén para dar ya.

(Vanse Maluenda por la izquierda y Mariposa por la puerta del fondo.)

Escena VII

Ana y Juan.

Ana   Serénate, Juan; medita
                  que no es posible que sea
                  lo que dices; no hay quien crea
                  lo que a ti el juicio te quita.

Juan   Yo mismo no me convenzo
                  de que lo puedo creer;
                  pero lo creo, y al ver
                  que lo creo, me avergüenzo.

Ana   Mas ¿cuál es tu compromiso?
                  ¿Qué firmaste?

Juan   No lo sé.
                  Le llamó..., vino... y firmé
                  sin mirarlo... lo que quiso.
                  Yo necesitaba oro,
                  mucho oro...; fiebre sentía

de oro..., y en tal agonía
no vi más que aquel tesoro.
Aquel oro era la vida,
la libertad, el honor,
el porvenir, el amor,
Ana, la mujer querida.
Se apareció de improviso.

Ana   ¿Se apareció?

Juan   Le evoqué
yo mismo... y vino... y firmé
yo no sé qué... lo que él quiso.
Yo necesitaba oro;
aquel oro era mi vida,
mi honor, la mujer querida,
eras tú; con tal tesoro
al otro día salvé
vida, porvenir, honor;
logré tu mano, y de amor
embriagado..., le olvidé.
Mas según fue poco a poco
pasando el año..., en Septiembre
me acordé de él..., en Noviembre
le tuve miedo..., y no invoco
ya a Dios, porque ya no puedo;
y hoy ya no acierto a pensar
más que en la hora que va a dar.
¡Háblame, Ana! ¡Tengo miedo!
¡Háblame!...

Ana   ¡Juan, desvarías!
Recuerda las circunstancias
de la escena. ¿Qué ganancias

te pidió? ¿Qué granjerías?

Juan
Ninguna; dijo: «Os daré
más de lo que deseáis
si a venir os obligáis
al año; por vos vendré.»

Ana
Recuerda bien; no te pones
en situación; no te cuidas
más que de ésa, Juan, y olvidas,
sus restantes condiciones;
porque lo que él vino a hacer
fue un buen negocio, y sin duda,
al veniros en ayuda
sabía que lo iba a ser.

Juan
Ana, él lo sabía todo.
«Pregúntame», dijo; y yo
le pregunté, y él me dio
los medios, la causa, el modo
de vivir de ellos, de ti,
de mí, de todos; sabía
tu historia, la de él, la mía.

Ana
¿La tuya y la mía?...

Juan
Sí.
De una familia proscrita
tú heredarás grande hacienda;
y a mí, de venganza prenda,
no sé quién me necesita.
Nada ignoraba; de modo,
Ana, que él tiene que ser;
solo Dios y Lucifer

son los que lo saben todo.

Ana   ¡Dios mío, se vuelve loco!

Juan   No, Ana, no; estoy en mi acuerdo.
                   Escucha lo que recuerdo,
                   porque el tiempo es ya muy poco.
                   Yo le firmé su papel,
                   y en él sé bien que me obligo,
                   en el plazo que te digo...
                   nada más que a irme con él.

Ana   ¿A irte?

Juan   Sí.

Ana   ¿Dónde?

Juan   Lo ignoro,
                   mas fue el trato. ¡Lo recuerdo
                   bien! ¡Y si me voy, te pierdo,
                   Ana, y yo te amo! ¡Te adoro
                   más que nunca en esta hora
                   en que estoy para partir,
                   porque por mí ha de venir
                   y la angustia me devora!
                   Ana, mi única pasión,
                   según se acerca el momento,
                   que se me desgarran siento
                   las telas del corazón...
                   Tú sola en él has entrado;
                   tú sola, tú. Desde niño
                   no he tenido otro cariño;
                   ni aun a mis padres he amado,

pues nunca los conocí;
antes de verte, quería
mi arte, mi imaginería;
pero después, solo a ti.
Pensar que te he de dejar
y que te voy a perder,
es lo que de enloquecer
me hace tan próximo estar.
Porque siento que vacila
mi cerebro, Ana, y a veces
comprendo que mil sandeces
mi superstición apila;
que en lo posible no se halla
lo que yo creo haber hecho,
y las dudas en mi pecho
se dan furiosa batalla.

Ana   No puede ser.

Juan   Mas ¿si fuera?
               Los libros dicen que puedo.
               Que fuera él, sé que excede
               toda razón..., mas ¿si él era?
               ¡Ay! Sea o no sea él,
               aun no siendo más que un hombre
               de quien ignoro hasta el nombre,
               yo lo he firmado un papel,
               y en él sé bien que me obligo
               a seguirlo en el momento
               que venga..., y venir le siento,
               y si viene...

Ana   Ni un testigo
               tiene, Juan; fue una sorpresa

puedes decir...

Juan   Es inútil;
toda razón será fútil.
Él dirá: «Tu firma es ésa»;
y armado de su papel,
me puede con él llevar,
y te tendré que dejar
para marcharme con él.
Porque tú, Ana, no querrás...
ni es justo... ni yo te puedo
obligar... ¡Ay! ¡Tengo miedo
de perderte, Ana!

Ana   ¡Jamás!
Somos marido y mujer,
Juan; y unidos ante Dios,
nadie puede entro los dos,
lo hecho ante Dios deshacer.
Si tienes obligación
de irte, yo iré donde vayas.
No habrá clima, no habrá playas,
mar, desierto ni rincón
de la tierra conocida,
donde yo tras ti no arribe.
Juan..., la buena esposa vive
de su esposo con la vida.
Como esos muros de piedra
donde la yedra se cría
somos, Juan ¡Tu vida es mía,
y el muro tú, yo la yedra!

(Se abrazan.)

Juan	¡Ana de mi corazón,
	tú me haces volver en mí!

(Aldabonazo a la puerta exterior, lejos.)

Ana	¡Dios mío!
Juan	¡Llamaron!...
Ana	¡Sí!
Juan	¡Aun las ánimas no son!

Escena VIII

Ana, Juan y Maluenda. Luego Mariposa.

Ana (A Maluenda.)   Llamaron.

Maluenda	¿Quién puede ser?
Juan	¡No abráis!... ¡No abráis!
Maluenda	Juan, si él fuera
	por la puerta no viniera;
	de llamar no ha menester.

Mariposa (Saliendo	
a la puerta.)	¡Señor!...

(A Maluenda, quedando indecisa.)

Maluenda	¿Qué traes?

Ana (Impaciente.) ¡Di, por Dios!

Mariposa Traigo al diablo de mí en pos.

Maluenda ¿Qué es lo que hablas?

Mariposa Sé lo que hablo.
Aguardábamos un diablo,
pero creo que son dos
los que a casa dan la vuelta.

Maluenda ¿Dos?...

Mariposa Dos. El que llama es otro.

Maluenda Acaba, y tu diablo suelta,
que nos tienes en un potro.

Mariposa
(Anunciándole.) Ahí va. El capitán Revuelta.

Juan ¡El Capitán!

Maluenda Dile que entre.
(A Juan,
que se levanta.) ¿A dónde vas?

Juan Por mi espada.

Maluenda Juan, no es tuya esta jugada;
no quiero que aquí te encuentre.

Juan Si mi ruin superstición
puede al diablo darme miedo,

144

guardar de un hombre no puedo
la cara ni el corazón.

Maluenda   Si te les viene a buscar,
yo haré que te les encuentre.

(Aparece el Capitán en la puerta y oye decir a Maluenda:)

Éntrate allí.

Escena IX

Capitán saliendo. Ana, Juan, Maluenda, el Capitán y Mariposa. En la primera parte de esta escena, a una señal de Maluenda, Mariposa arregla muy
brevemente la mesa con lo necesario para ello que habrá en un aparador;
tan brevemente, que no interrumpa la narración del Capitán.

Que no entre,
porque habrá que irle a llamar.

Juan   No tendréis ese trabajo.

Capitán   No os hinchéis como una esponja
con la ira; soy una monja,
no un capitán; tened cuajo.
Ved; de mi cinto en los broches
no hay garfio ni gavilán
para espada.

(Volviéndose a Maluenda.)

Buenas noches,
don Luis.

Maluenda	Buenas, Capitán.
Capitán (Mirando a Juan y a Ana.)	¿Estos mozos son ya esposos?
Maluenda	Sí; ya lo son.
Capitán (Aparte.)	¡Lo celebro! (Aun la iba a echar un requiebro.) Que Dios les haga dichosos.
Maluenda	¡Gracias! Mas esta visita en que con asombro os hablo, ¿a quién debemos?
Capitán	Al diablo, que me ha dado aquí una cita.
Todos	¿El diablo?
Capitán	Así es la verdad; mas no vais a comprender si no os doy un hilo.
Maluenda	A ver, Capitán; vuestro hilo hilad.
Capitán	Pues es toda una leyenda de un cuento caballeresco; aunque el cuento ya no es fresco. Mas decid, señor Maluenda, ¿estáis en casa de pie siempre?

(Se sientan.)

Maluenda	Excusad el descuido.
Capitán	Creo que os ha sorprendido mi visita, y no hay por qué. Vais a ver, si me escucháis, que es la cosa más sencilla del mundo.
Maluenda	Como en Castilla no os creíamos...
Capitán	Y estáis en la verdad; aposento me han dado, y no he estado mal, lejos.
Maluenda	¿Dónde?
Capitán	En Portugal.
Maluenda	¿En qué sitio?
Capitán	En un convento.
Maluenda	¿De qué ciudad?
Capitán	De Coimbra. Por cierto que haciendo están gran templo en él, y ya van asentándole la cimbra. Mucho podía ganar allí un buen imaginario.

Maluenda	A tan lejano santuario, ¿cómo fuisteis a parar?
Capitán	Cuando en la edad venidera se ocupen de nuestras cosas, han de encontrar muy curiosas las cosas de nuestra era. me atrapó aquí, me llevó al castillo, y me plantó del patio en mitad, cercado de todos los capitanes rebeldes, sus compañeros; conocidos caballeros todos: el señor de Blanes, Zúñiga, Quintana Orduña, Velasco el Comendador, Castro, y por fin, el señor obispo don Luis Acuña. Competente era el senado para su intento; y así, puesto delante de mí, me dijo el Encapuchado: «Os desarmé por sorpresa; os voy, pues, a devolver vuestra espada; mas va a ser con la condición expresa de que quedará el vencido a merced del vencedor, como en un campo de honor ante jueces mantenido. ¿Aceptáis?» Dije que sí. Yo pensaba ahorcarle a él; conque era torta con miel

tal oferta de él a mí.
Antorchas nos encendieron
en los postes. Se veía
como si fuera de día;
y en el círculo que abrieron,
juramos fiar los dos
la liza, como cristianos,
al poder de nuestras manos
y a la voluntad de Dios.
Las suyas no tienen par,
é ignoro si le ayudó
Dios o el diablo; pero yo
me sentí el hierro sacar
del puño segunda vez
por aquel hombre, que alcanza
de Satanás la pujanza,
el brío y la rapidez.
Hombre soy, pero él es más.
Mi espada asiendo caída,
me dijo: «Tenéis la vida
en poder de Satanás;
mas vivid. La faz no os doy,
porque nunca de la cara
el disfraz que me enmascara
quito, y se ignora quién soy.
Mas vos sois mío. Os prohíbo
volver espada a llevar,
ni en Juan ni en Ana pensar,
ni en otro que aun está vivo,
vuestro hermano don Miguel;
y estaréis pronto a acudir
adonde os ordenen ir
algún día el diablo o él».
En cuanto mentó a mi hermano,

caí en que podía él mismo
serlo; pero fue un abismo
el hombre, y le sondeé en vano.
Del castillo nos salimos
por un subterráneo; a uña
de caballo, él, el de Acuña,
otros dos y yo, partimos
a Portugal; y dejándome
bajo palabra enclaustrado,
en el convento me he estado
aburriéndome y callándome.
Mas una carta suscrita
por el diablo recibí,
en la cual me da hoy aquí
al toque de ánimas cita.
Dice: «En casa de Maluenda
os pondrá el diablo a la mano
vuestra espada y vuestro hermano.»
Que lo explique quien lo entienda.

Maluenda   Os estimo, Capitán,
                  vuestra franca narración.

Capitán (A Juan.) Ya veis cuál mi posición
                  es con vos, maese Juan.
                  Por eso os he detenido.
                  Si os sorprende mi visita,
                  el diablo, que aquí me cita,
                  nos dirá a lo que he venido.

Juan   ¿Vendrá?...

Capitán   Seguro; y es llano
                  que uno solo son los tres;

si el Encapuchado no es
el diablo mismo, es mi hermano.

Maluenda   ¿Tal creéis?

Capitán   No tiene vuelta;
el diablo, o el millonario
cuyo nombre hereditario
es Rojas tras de Revuelta.

Maluenda   ¿No puede ser otro Rojas?

Capitán   ¿Don Lope? No; estoy muy cierto.
Don Lope me hubiera muerto
con una de las dos hojas.
Porque él debe de mi hermano
los millones de guardar,
y él o yo hemos de heredar
de Miguel; conque en la mano
teniéndome, y a mansalva
pudiendo cortarme el cuello,
asiera por el cabello
la ocasión, que no era calva.

Maluenda   Es un modo de pensar
poco cristiano.

Capitán   Mas es
muy exacto, y al revés
no me lo sé yo explicar.
Conste, pues, que yo he cumplido.
Si falta ese personaje
a la cita, aquí hospedaje
tendréis que darme; os lo pido

para esperarle, hasta que él
venga o avise que no;
porque no he de cejar yo
ni al diablo ni a San Miguel.

Maluenda   Bravo hombre sois.

Capitán   No es razón
que crea el que me ha vencido
por las armas, que ha podido
achicarme el corazón.
Mas mucho tiempo se pasa,
y yo, que cansado vengo...

Maluenda   ¿Tenéis apetito?

Capitán   Tengo
un poco.

Maluenda   Pues haréis en casa
colación.

Capitán   Cuanto antes fuera,
fuera mejor.

Maluenda   Pues es cosa
del momento. ¿Mariposa?

(Aparece Mariposa a la puerta.)

Sirve la cena.

Mariposa   Ya espera
separada de la lumbre.

Maluenda   Pues a la mesa.

(Se acercan a la mesa, y mientras el Capitán deja pasar a Ana, que estaba
a su derecha, por delante de él, Maluenda dice aparte a Juan:)

Ea, Juan,
que no entienda el Capitán
tu miedo, o a pesadumbre
tome tu hosquedad con él.
¿No te humilla el ver que él toma
lo del diablo tan a broma?

Juan   Saber yo que era aquél...

Maluenda
(Interrumpiéndole.)   Un hombre: recobra el brío.

(Maluenda, viendo que el Capitán espera, se coloca en su sitio é indica el
suyo a los demás. La silla del centro, que queda de espaldas a la puerta, es
la señalada para el que ha de venir, y queda vacía. A la derecha, Maluenda.
El Capitán, a su derecha, en el lado derecho de la mesa. A la izquierda del
sitio vacío, Ana. En el lado izquierdo de la mesa, frente al Capitán, Juan.
Cuando Mariposa sale a tiempo y coloca la sopera en la mesa, lo hace por
el lado vacío de ésta, que es el que da al público, retirándose inmediata-
mente y habiendo dejado al salir abierta la puerta.)

Aquí, Capitán; allí
tú, Ana; ahí, Juan, y aquí
dejo este puesto vacío
para él, si venir le place.

Capitán   Sois un hombre, prebendado.
Si él a la cita que ha dado

falta, él sabrá lo que hace.

(Viendo que Juan permanece sombrío y mudo, dice aparte:)

(¿Qué tendrá aún ese mancebo?
Pues por mi parte he cumplido;
mas si él no está convencido,
comenzaremos de nuevo.)

(Maluenda, que ha sorprendido la mirada del Capitán a Juan, dice al Capitán:)

Maluenda   Tal vez a poca hidalguía
                  tendrá el que no se le aguarde.

Capitán   Llegar a tiempo no es tarde;
                  pero antes, es cortesía.

Maluenda   Decís bien.

Capitán   Y aunque él, con cena
                  puesta a su cita no invita,
                  suponer debió en su cita
                  que se cena en Nochebuena.

Maluenda   ¡Bravo hombre sois!

Capitán   Así soy;
                  sus modos cada cual tiene.

Mariposa   Sopa de almendra.

(Poniéndola.)

Capitán	La doy
	mi bienvenida; y si viene
	tarde el diablo, que no cene.

(Se oyen campanas lejanas, lo mismo que en el fin del acto segundo.)

Juan	¡Las ánimas!

Encapuchado (Sale.)	Aquí estoy.

Juan y Capitán	(¡Él es!)

(Todos en pie.)

Escena X

Maluenda, Juan, Ana, el Capitán, Mariposa y el Encapuchado con la espada del Capitán de bajo del brazo, y sin la suya en el cinto.

Capitán	Antes de llevar
	bocado alguno a la boca,
	mis cuentas a mí me toca
	con vosotros ajustar.

Maluenda	¿Antes? ¿Nada hay que nos fíe
	con vos ni aun breves instantes?

Encapuchado	No; mas se arreglarán antes
	de que la sopa se enfríe.

Maluenda	¿Tanta prisa...

Encapuchado	Hoy a mí Dios
	el mundo social me cierra,

y no puedo hoy en la tierra
dejar cuentas de mí en pos.

Maluenda

Mas quienquier que podáis ser,
podréis nuestra mesa honrar.

Encapuchado

No puedo asiento tomar
ni a mesa puesta comer.

Maluenda

¿Quién sois, pues?

Encapuchado

Un acreedor.
Tengo una firma de Juan,
y tengo del Capitán
una palabra de honor.

Maluenda

Y prontos están a hacer
honor a firma y promesa;
mas quién les da tanta priesa
para ello, querrán saber.

Capitán

Yo sí.

Juan

Y yo.

Encapuchado
(A Maluenda.)

Ya lo sabréis.
Vos, que ha un año en vuestro hogar
a su diablo familiar
no veis, quién soy bien sabéis

Maluenda

Yo de vos sé historias cojas
é inconexas, y una o dos
ciertas, por lo que de vos
me ha dicho Lope de Rojas.

Encapuchado	Lope de Rojas su casa
	por mí os confió, y sujeto
	estáis a guardar secreto
	de lo que en su casa pasa.
	Lope fue quien ideó
	al diablo el encargo dar
	por Ana y Juan de velar,
	y por él les velé yo.
	De ello sabe alguna cosa,
	aunque al secreto sujeta,
	le guardó bien la discreta
	y avispada Mariposa...
	Por él, con infernal tacto,
	de oro en su febril afán,
	obligué conmigo a Juan
	ha un año a firmar un pacto.
	Por él tras Revuelta di,
	le cogí y lo desarmé,
	y está, por palabra y fe
	de hidalgo, sujeto a mí.
Capitán	Y he cumplido como tal;
	mas a ver estoy resuelto
	por qué os presentáis envuelto
	en un misterio infernal.
Juan	Y yo, si sois solo un hombre,
	decidido a demandaros
	por qué os plugo presentaros
	a mí con tal faz y nombre.
	¡Me habéis dado un año entero
	de afán!

Encapuchado	Justa punición de vuestra superstición y de la sed de dinero. Mas ¿díjeos quién era yo? Vida y honra me debéis, y negarme fe podéis, agradecimiento no. Mas hoy que cargos a hacer vengo, y cuentas a cerrar, punta ni hoja ha de quedar por asir ni por volver.
Capitán	¡Pues no hay pocas puntas sueltas, ni por volver pocas hojas! Sudaréis si andan los Rojas revueltos con los Revueltas.
Encapuchado	Todas las hojas y puntas por volver y por atar, os las vengo yo aquí a dar, Capitán, vueltas y juntas. Y no será culpa mía si al juntar puntas y hojas, los Revueltas y los Rojas no se juntan todavía.
Capitán	Pues empezad a coger y a volver puntas y hojas, y empecemos por los Rojas.
Encapuchado	¿Qué de ellos queréis saber?
Capitán	Lo que han hecho de mi hermano.

Encapuchado	Le educaron de manera que no supiese quién era.
Capitán	Y ¿han hecho de él un villano?
Encapuchado	No, sino un hombre leal, que no sabiendo quién es, no tiene odio ni interés contra la raza rival. Un hombre que os constituye con los Rojas en concordia. Un hombre en quien la discordia de vuestras razas concluye. Y hombre de alma tan templada y de mano tan ligera, que de la vuestra pudiera volver a arrancar la espada.
Capitán	¿Sois...?
Encapuchado	No; es, en vez de un villano, un Revuelta caballero que a una Rojas, no el primero, sí el más leal, dio su mano.
Capitán	¿Está unido en matrimonio con una Rojas?
Encapuchado	Que le hace muy feliz.
Capitán	Pues ese enlace lo ha de haber hecho el demonio.

Encapuchado	Él fue, mas de Dios en nombre;
	Dios un diablo envió a la tierra,
	vuestra fratricida guerra
	para acabar en ese hombre.
	Don Lope casó a su hermana
	con don Miguel, vuestro hermano,
	para ahogar vuestro odio insano
	en aquella unión cristiana.
	Es un lazo hecho ante Dios;
	los hijos que nazcan de él,
	nacerán de odio sin hiel,
	mejores que Lope y vos.
Capitán	Tanto a don Lope mentáis,
	que, por lo que se barrunta,
	el tal don Lope es la punta
	que más por coger bregáis.
	¿Qué es de él? Acabad.
Encapuchado	Ha muerto
	para el mundo, Capitán,
	y aunque amplio perdón le dan,
	que vuelva a luz es incierto.
	Don Lope absuelto no puede
	ser, si no se reconcilia
	con vos de odio de familia,
	sin que átomo alguno quede.
Capitán	Por vos vencido, aceptó,
	las condiciones impuestas
	allí; mas nuevas son éstas
	que cómo tomar no sé.
Encapuchado	Tomadlas como cristiano,

Capitán, y solo así
podrá comprenderme aquí
vuestro corazón mundano.

Capitán   Hablad, pues.

Encapuchado
(Bajando
al proscenio.)   Oídme todos:
Lope de Rojas, forzado
tomó eclesiástico estado;
mas por tan bárbaros modos
vejado fue y perseguido
por un partido contrario,
que un día tiró el Breviario,
y tomó espada y partido.
Y ino hay nada que más vil
y sanguinario al hombre haga,
ni hay peste, tósigo o plaga,
como la guerra civil!
Los más nobles caballeros,
al ir en bandos partidos,
se transforman en bandidos
y andan como bandoleros.
La guerra civil maldita
quita el juicio al más prudente,
torna en fiera al que es valiente,
hijos a la patria quita,
pervierte las almas buenas,
corrompe los corazones,
envenena las pasiones
y hace de los hombres hienas.
Lope de Rojas, lanzado
en ella por odio ruin

de familia, fue por fin
por el Papa excomulgado.
Mas un día se espantó
de sí mismo, y penitente,
paz perpetua entre su gente
a establecer se obligó.
El oro, que ya lo sobra,
emplea un templo en hacer;
(Al Capitán.)   vos habéis podido ver
allá en Portugal su obra.
Mas no puede en sociedad
volver a ocupar su puesto,
si deja en su raza el resto
más leve de enemistad.
Si vos, corazón mundano,
vaso de odio y de altivez,
no comprendéis esta vez
su modo de obrar cristiano,
yo, que por él os vencí
y la mano os desarmé,
desarmado os llevaré,
mientras viváis, tras de mí.
y si vuestra enemistad
dura lo que vuestra vida,
ique Dios a vuestra alma pida
cuentas en la eternidad!
¿Perdonáis?

Capitán   Sí; porque al cabo,
según sois de pertinaz,
creo que seréis capaz
de venderme por esclavo.

Encapuchado

(A Juan.)	A vos, mozo, Dios testigo fue del pacto entre los dos; ved lo firmado por vos,
(Le da un escrito.)	y ved si os venís conmigo.
Juan (Lee.)	«Por el dote de doña Ana »que recibo hoy de un extraño, »me obligo de hoy en un año »a ir a tierra lusitana, »y de un templo de Coimbra »la imaginería a hacer, »cuando estén para poner »a su bóveda la cimbra.»
Juan y Ana	¡Oh!
Encapuchado	Capitán, vuestra mano. La espada os va a ser devuelta por don Miguel de Revuelta y Rojas.
Capitán	¿Sois vos mi hermano?
Encapuchado	No, Capitán.
Capitán	Pues ¿quién?
Encapuchado	Ése, el marido de doña Ana Rojas de Revuelta, hermana de don Lope; y porque cese el público puntas y hojas de recoger y dar vueltas, entre Rojas y Revueltas,

yo soy don Lope de Rojas.

(Se quita el antifaz y cae el telón.)

Fin de la comedia

Libros a la carta

A la carta es un servicio especializado para
empresas,
librerías,
bibliotecas,
editoriales
y centros de enseñanza;
y permite confeccionar libros que, por su formato y concepción, sirven a los propósitos más específicos de estas instituciones.

Las empresas nos encargan ediciones personalizadas para marketing editorial o para regalos institucionales. Y los interesados solicitan, a título personal, ediciones antiguas, o no disponibles en el mercado; y las acompañan con notas y comentarios críticos.

Las ediciones tienen como apoyo un libro de estilo con todo tipo de referencias sobre los criterios de tratamiento tipográfico aplicados a nuestros libros que puede ser consultado en Linkgua-ediciones.com.

Linkgua edita por encargo diferentes versiones de una misma obra con distintos tratamientos ortotipográficos (actualizaciones de carácter divulgativo de un clásico, o versiones estrictamente fieles a la edición original de referencia).

Este servicio de ediciones a la carta le permitirá, si usted se dedica a la enseñanza, tener una forma de hacer pública su interpretación de un texto y, sobre una versión digitalizada «base», usted podrá introducir interpretaciones del texto fuente. Es un tópico que los profesores denuncien en clase los desmanes de una edición, o vayan comentando errores de interpretación de un texto y esta es una solución útil a esa necesidad del mundo académico.

Asimismo publicamos de manera sistemática, en un mismo catálogo, tesis doctorales y actas de congresos académicos, que son distribuidas a través de nuestra Web.

El servicio de «libros a la carta» funciona de dos formas.

1. Tenemos un fondo de libros digitalizados que usted puede personalizar en tiradas de al menos cinco ejemplares. Estas personalizaciones pueden ser de todo tipo: añadir notas de clase para uso de un grupo de estu-

diantes, introducir logos corporativos para uso con fines de marketing empresarial, etc. etc.

2. Buscamos libros descatalogados de otras editoriales y los reeditamos en tiradas cortas a petición de un cliente.

www.ingramcontent.com/pod-product-compliance
Lightning Source LLC
La Vergne TN
LVHW041252080426
835510LV00009B/708